S.S. el Dalai Lama
Tenzin Gyatso

EL OJO DE
LA SABIDURÍA

Y la historia del avance
del *Buddhadharma* en el Tibet

Su Santidad Tenzin Gyatso
14º Dalai Lama del Tibet

Esta publicación ha sido posible
gracias a la ayuda de la Fundación Kern

Traducción de inglés de Miguel Portillo

Numancia, 117-121
08029 Barcelona
www.editorialkairos.com

Título original: THE OPENING OF THE WISDOM EYE

© 1966, 1991 by S. S. el Dalai Lama Tenzin Gyatso

© de la edición en castellano:
2001 by Editorial Kairós, S.A.

Primera edición: Marzo 2002
Segunda edición: Marzo 2007

I.S.B.N.-10: 84-7245-511-4
I.S.B.N.-13: 978-84-7245-511-5
Depósito legal: B-11.206/2007

Fotocomposición: Beluga y Mleka, s.c.p. Córcega 267. 08008 Barcelona
Impresión y encuadernación: Romanyà-Valls. Verdaguer, 1. 08786 Capellades

Todos los derechos reservados. No está permitida la reproducción total ni parcial de este libro, ni la recopilación en un sistema informático, ni la transmisión por medios electrónicos, mecánicos, por fotocopias, por registro o por otros métodos, salvo de breves extractos a efectos de reseña, sin la autorización previa y por escrito del editor o el propietario del copyright.

SUMARIO

Prefacio a la edición de 1991 9
Introducción a la edición de 1991 11
Prefacio de los traductores 17
Historia del avance del *Buddhadharma* en el Tibet 25
Abrir el ojo de la sabiduría 33
   Dharma 35
   Renacimiento 41
   Los dos niveles de verdad 48
   Los agregados, entradas y elementos 53
   Las tres colecciones de la palabra del Buda 58
   La triple instrucción 65
     – En suprema virtud 67
     – En supremo recogimiento 81
     – En suprema sabiduría 99
   El sendero 108
     – El vehículo de los discípulos 108
     – El vehículo de los budas silenciosos 114
     – El gran vehículo 114
     – El vehículo del diamante 118
   Los cuerpos de un buda 121
   Las virtudes de un buda 126
Notas 137

EL OJO DE LA SABIDURÍA

PREFACIO A LA EDICIÓN DE 1991

Me siento feliz al saber que la Theosophical Publishing House publica una nueva edición de *Abrir el ojo de la sabiduría*. Escribí este libro en tibetano en 1963, y desde entonces ha sido traducido a varios idiomas. En este volumen intenté proporcionar una introducción clara y completa de las enseñanzas del Buda. Me siento feliz al saber que le ha sido de utilidad a muchas personas.

El budismo es una de las muchas religiones que nos enseñan a ser menos egoístas y más compasivos. Nos enseña a ser humanos, altruistas y a preocuparnos por los demás tanto como por nosotros mismos. Quienes se sientan inclinados a seguir el camino budista deberían estudiar y comprender el significado de las enseñanzas del Buda porque sólo podemos practicar de manera adecuada cuando contamos con un conocimiento correcto del Dharma. Una buena combinación de estudio y práctica generará una perspectiva que nos permitirá alcanzar la felicidad para nosotros mismos y para los demás.

GELONG TENZIN GAYTSO
14º DALAI LAMA

2 de agosto de 1991

INTRODUCCIÓN A LA EDICIÓN DE 1991

Siempre he creído que hay dos niveles de espiritualidad: en un sentido, la espiritualidad son las diversas y variadas religiones. Ésa es una categoría. En otro tipo de espiritualidad, se puede ser no creyente, es decir, carecer de una religión en particular. Al mismo tiempo, se puede ser un buen ser humano, una persona cálida, un ser humano con un sentido de responsabilidad cooperativa basada en la compasión o el buen corazón. Ése es otro nivel de espiritualidad.

Somos seres humanos, y todos queremos la felicidad y evitar el sufrimiento. Creo que la idea básica de cualquier religión es la compasión, la tolerancia y la indulgencia. Por ello, el mensaje esencial de las diversas religiones es básicamente la mejor parte de las cualidades humanas, y eso no es nada nuevo. Al nacer como seres humanos, esas cualidades o su semilla ya están ahí. Lo que la religión hace en realidad es dar a entender claramente esas buenas cualidades e intentar aumentarlas y reforzarlas.

Algunas personas creen que la naturaleza humana es agresiva. Yo no estoy de acuerdo con esa idea. Creo que, desde nuestro nacimiento hasta el último de nuestros días, la implicación de la compasión y el afecto humano son factores cruciales en nuestras vidas. Me parece que, por ejemplo, el primer acto de un niño, así como el de la madre, surge a través de la compasión. Si la madre

Introducción a la edición de 1991

siente algún sentimiento negativo hacia el bebé, entonces puede que la leche no salga con suavidad. De igual manera, sin un sentimiento de intimidad y afecto hacia la madre, el bebé pudiera no mamar la leche. Así comenzamos la vida.

Según los neurocientíficos, las primeras semanas tras el nacimiento son el período más crucial para el desarrollo del cerebro. En pocas palabras, el contacto físico con la madre es un factor crucial para dicho desarrollo. Eso nos muestra claramente que el cuerpo del ser humano da la impresión de estar muy conectado con el afecto humano.

También sucede que cuando nos imparten lecciones en el colegio o en cualquier otro lugar, los temas que aprendemos de un profesor que no sólo nos enseña, sino que demuestra sentir un sincero afecto humano por los estudiantes y que se preocupa por su futuro y bienestar, suelen calar de manera más profunda en nuestra memoria, en el cerebro. Esos mismos temas, aprendidos de otro tipo de profesor, que se limita a dar una explicación o enseñanza sin ninguna preocupación, o sin ningún sentido de la responsabilidad acerca del futuro del estudiante, se olvidan con facilidad. Eso vuelve a demostrarnos que el funcionamiento del cerebro humano tiene en cuenta el afecto.

Más tarde, al hacernos mayores, a veces nos sentimos totalmente independientes; no necesitamos ayuda de los demás, y nos bastamos para todo. Descuidamos el valor positivo del afecto. Debido a la carencia de este sentimiento humano tan básico, a veces los profesionales que se supone deben servir a la humanidad acaban siendo destructivos. Sin simpatía humana, la ciencia, la tecnología, la educación, e incluso la religión, se transforman en ocasiones en algo destructivo.

Por naturaleza, los seres humanos contamos con grandes capacidades, y el empleo de la tecnología moderna en el campo de la educación ha aumentado todavía más dichas capacidades. No obstante, aunque nuestros conocimientos aumentan, la otra cualidad humana –el buen corazón– no avanza a la par. Por ello, el conocimiento se hace más destructivo, más negativo. El mundo

Introducción a la edición de 1991

de hoy en día es muy complicado, y existe mucho sufrimiento debido a la falta de simpatía y afecto humanos. Las capacidades humanas han aumentado; el conocimiento humano también. Pero si esos desarrollos no están equilibrados con otras cualidades humanas, pueden convertirse en instrumentos erróneos.

Si nos fijamos en nuestra estructura física, nos daremos cuenta de que los seres humanos cuentan con una característica única: la sonrisa. Puede que algunos monos sonrían pero, aparte de ellos, son muy pocos los animales que pueden sonreír. En términos generales me parece que este don de la sonrisa es una expresión de felicidad, de calidez. Si estamos irritados, no aparece sonrisa alguna. Pero como la mente humana es tan sofisticada, a veces también se puede utilizar la sonrisa de forma negativa. La de tipo sarcástico o diplomático, en lugar de proporcionarnos felicidad, alegría o satisfacción, puede que no haga sino aumentar el recelo. Pero en general creo que la sonrisa expresa calidez.

Pasemos ahora a las manos humanas. Me parece que la mano humana está diseñada para ser estrechada, y no para golpear. Si esta misma mano estuviese destinada a empujar o golpear, entonces los dedos no serían necesarios. La razón, creo yo, es bastante simple. Si quisiera golpear a alguien con fuerza, los dedos no me serían de utilidad. Es más fácil hacerlo con el puño. Entonces sí que se puede pegar duro. Así pues, los dedos parecen estar hechos para dar la bienvenida a otros, para acercar.

Es verdad que, en términos generales, desde el nacimiento, y mientras la mente humana está presente, también lo están el odio, los celos, el orgullo y el recelo humanos, todo a la vez. Sin embargo, sigo creyendo que la fuerza dominante en la mente humana es la compasión. Los budistas creemos que todos los seres sensibles cuentan con naturaleza búdica. Eso significa que existen más razones para suponer que la mente humana es amable que para pensar que la naturaleza humana es agresiva. Así lo creo yo.

Como ciertas cualidades humanas, como el afecto, el amor y la compasión, son la fuerza principal de la mente humana, es posible aumentarlas y utilizar pensamientos humanos de manera

Introducción a la edición de 1991

adecuada para mejorarlas. No tiene sentido esperar que la solución llegue del espacio exterior. Debemos hallarla nosotros mismos. Por lo tanto, resulta esencial reconocer o comprender que contamos con el potencial necesario para solucionar los problemas humanos. Lo único que hace falta es que nuestra energía y sabiduría se utilicen de forma correcta. Eso significa que la sabiduría o la inteligencia humana deben estar equilibradas con un buen corazón.

Así pues, no considero que cualidades como afecto, compasión, etcétera, sean de carácter religioso, sino de tipo humano en general. Claro está, existen otros temas en los sistemas religiosos –por ejemplo, en el budismo, cosas como nirvana, budeidad– que son, me parece a mí, un asunto particular. Pero aparte de esos temas, en general, todas las religiones favorecen las cualidades humanas.

Como monje budista, creo que si vivimos de una manera correcta como buenos seres humanos, como un ser humano útil a la sociedad, aunque no se utilice ningún calificativo religioso, en realidad eso nos está preparando para el nirvana. Pero por el contrario, si se habla mucho del nirvana pero se cometen todo tipo de actos negativos en la vida cotidiana, se estará incurriendo en el error.

En la antigüedad no existía mucho contacto entre aldeas, y para su supervivencia no tenían necesidad de la cooperación de otros pueblos. Los grupos sobrevivían bastante independientemente. Por ello, si en esos tiempos alguien hubiera empezado a hablar acerca del sentido de la responsabilidad global, nadie le habría hecho caso. Pero hoy en día, en nuestra situación, con nuestra moderna economía y con los problemas medioambientales –como la cuestión de la capa de ozono– no existen fronteras nacionales. Por lo tanto, la situación moderna actual nos está demostrando que la humanidad necesita más sentido de responsabilidad global.

Desde 1956 he mantenido una estrecha relación con la Sociedad Teosófica a causa de sus actividades sociales no sectarias y de amplio espectro. Son muchas las cosas que han cambiado des-

Introducción a la edición de 1991

de 1956, cuando entramos en contacto por primera vez, en especial en los últimos uno o dos años. Creo que eso indica claramente que por mucho que se utilice la inteligencia humana en la dirección equivocada, con falsas esperanzas, el espíritu básico humano es igualmente fuerte como para contrarrestarlo. Por ello, las cosas acaban siendo de acuerdo a la naturaleza humana básica, como por ejemplo, en el caso del colapso del rígido sistema político comunista. ¿Por qué? Porque la gente quiere democracia, y libertad. Es la naturaleza humana. Y la manera en que ha sucedido no ha necesitado de violencia, sino que ha tenido lugar a través de un movimiento popular, mediante la no-violencia. La no-violencia está más cerca de la naturaleza humana básica, y la violencia va en contra de esa naturaleza.

Todo el mundo ruega y desea, e intenta conseguir, que en el mundo exista la paz. La paz mundial es muy importante, sobre todo en esta nuestra era nuclear. Para lograr la paz no basta con unas cuantas consignas. Creo firmemente que tenemos que pensar de manera diferente y descubrir el auténtico obstáculo para la paz.

A veces, las armas y los estamentos militares se preparan y organizan en nombre de la paz mundial. Pero mientras haya armas, y mientras las manejen soldados, no creo que vaya a existir ninguna paz genuina. A lo largo de los últimos cuarenta años hemos presenciado una especie de paz relativa, bajo la amenaza de las armas nucleares. Pero no se trata de una paz genuina, sino de una paz que proviene del miedo, y el miedo procede a su vez de la desconfianza. Por este motivo, creo que ha llegado la hora de pensar seriamente en la manera de reducir las fuerzas militares de este planeta. Las armas que se fabrican son utilizadas para matar, porque las armas no pueden usarse para nada más. ¡No pueden utilizarse como instrumentos musicales!

Hay varios lugares totalmente desmilitarizados. En mi propio caso, estoy intentando que el Tibet acabe siendo un lugar desmilitarizado. La cuestión de si permanece en la República Popular de China como si no, es otro asunto. Pero en cualquier caso, esa tierra debe ser desmilitarizada; ése es mi sueño.

Introducción a la edición de 1991

Hasta aquí he expresado algunos de mis sentimientos. Por favor, piense en todo ello, porque vivimos en una comunidad, y todos somos ciudadanos de este planeta. Si todo el planeta sufre, nosotros también sufrimos. Si todo el planeta consigue más paz y armonía, también la conseguiremos nosotros. Por lo tanto, todo individuo tiene una responsabilidad de cara a la humanidad. Si considera que todas estas cosas son importantes, entonces, como individuo, debe tomar alguna iniciativa, realizar algún esfuerzo.

He escrito este librito teniendo en cuenta las necesidades de las personas, tanto de aquellos que viven en Oriente como de los que lo hacen en Occidente, a quienes deseo que hallen el camino correcto y adquieran conocimientos sobre la enseñanza (Dharma) del Buda. Su Dharma es tan profundo como un océano, y al exponerlo utilizó mucha habilidad en el método, siendo ésta una expresión de su omnisciencia. En una época posterior, los grandes y sabios maestros de la India desarrollaron algunos métodos habilidosos adicionales, y en este libro he tratado de presentar tanto el desarrollo original como otros posteriores, prescindiendo de sutilezas filosóficas y puntos de controversia, concentrándome en cuestiones de aplicación práctica.

SU SANTIDAD TENZIN GYATSO
14º DALAI LAMA DEL TIBET
Varanasi, la India
27 de diciembre de 1990

PREFACIO DE LOS TRADUCTORES

Este libro de Su Santidad el Dalai Lama ha sido escrito con la intención de proporcionar información a aquellos que desean saber algo acerca de las características básicas del *Buddhadharma* en el Tibet. Además de ello, toca algunos otros puntos de importancia práctica para quienes quieren progresar en el camino del Dharma, a la vez que incidentalmente corrige alguna ideas extrañas y distorsionadas que se tienen acerca de las formas tibetanas del Dharma.

Los traductores quisieran, en este prefacio, aclarar algunos puntos en favor de los lectores. En primer lugar, está la manera en que este libro se tradujo y el método de traducción. El año pasado, (2508/1965) durante el retiro de la estación de las lluvias, tres *bhikkhus* se reunieron de manera regular en el Wat (monasterio) Bovoranives para llevar a cabo la traducción de algunas obras budistas a partir del tibetano. Conformaban ese equipo el venerable Thubten Kalsang Rímpoche, del Tibet; el venerable Nagasena, de la India, y el que esto escribe,* de Inglaterra. Algunos de los frutos de su labor aparecieron en un libro titulado *The Wisdom Gone Beyond* (publicado por Social Science Press de Thailandia, Bangkok), y entre su contenido estaban las traducciones, a partir del tibetano, de *The Letter of Kindheartedness*

---

*   *Bhikkhu* Khantipalo

Prefacio de los traductores

(Suhrillekha) del acarya Nagarjuna, y dos libros de analogías dhármicas titulados *Trees and Water*. Tras completar su trabajo, los traductores se preguntaron qué otras obras podrían intentar traducir.

El libro aquí traducido fue escrito en tibetano hace algunos años por Su Santidad el Dalai Lama, y al cabo de poco fue traducido al hindi después de numerosas peticiones acerca de que su Dharma pudiese estar disponible para los pueblos índicos. Kazi Sonam Topgay, intérprete de Su Santidad, se puso a trabajar para presentar el libro en inglés, aunque no lo finalizó. Fue entonces cuando el venerable Thubten Kalsang Rinpoche, que estaba en contacto con Su Santidad y que recibió del Consejo para Asuntos Culturales y Religiosos de S.S. el Dalai Lama tanto la traducción hindi como la inglesa sin acabar, se dirigió al venerable Nagasena y al escritor inglés con la petición de que le ayudasen a traducir esta obra al inglés. Así pues, resultó que para nuestro propósito de traducción, el venerable Rinpoche se encargó del texto en tibetano, mi venerable amigo *bhikkhu* Nagasena de la versión en hindi, mientras que el escritor lo hizo del borrador en inglés. De las dos últimas versiones, resultó que la traducción en hindi de un venerable lama en la India había sido revisada por un famoso *pándit* sanscritista, que tenía una considerable tendencia a elaborar, a veces muy extensamente, fragmentos que en el original eran bastante breves. No obstante, esa característica se convirtió en una ventaja, pues el original tibetano contaba con explicaciones muy concisas en algunas de sus partes, y por ello hemos añadido cierto número de dichos fragmentos allí donde nos parecía que serían de ayuda para los lectores de la versión en inglés. En la traducción en hindi también encontramos algunos giros verbales propios de esa lengua que al ser contrastados con la versión tibetana, no fueron hallados, por lo que han sido omitidos.

Por otra parte, la traducción inglesa mecanografiada que incluía unas tres cuartas partes del total de la obra, conservaba la brevedad del original, pero como la traducción necesitaba de una ampliación en cuanto a términos budistas equivalentes que fue-

Prefacio de los traductores

sen correctos, también hubo que encargarse de ellos. No obstante, hay frases y fragmentos que se han tomado directamente de ella cuando expresaban correctamente el significado.

En cuanto al método de traducción, se procedió de la manera siguiente: el venerable Rinpoche y el venerable *bhikkhu* Nagasena acudían a la estancia del escritor en ese *wat* a una hora acordada de antemano. El segundo de ellos había preparado su traducción hindi –al tener más fluidez en ese idioma que en inglés– del original tibetano que, frase a frase, era cotejado con la traducción en hindi impresa del venerable Nagasena. Eso dio lugar, de vez en cuando, a discusiones sobre puntos confusos o difíciles, algunos de los cuales no pudieron resolverse en Siam, siendo aclarados finalmente en la India cuando la copia mecanografiada fue devuelta a S.S. el Dalai Lama para ser repasada. El trabajo de traducción continuó, con el venerable Nagasena leyendo una traducción literal en inglés que contenía todos los términos técnicos budistas en sánscrito, la mayor parte familiares para nosotros. Esta traducción literal, junto con el resto de cuestiones que se creyeron adecuadas, fue a continuación transcrita en el breve resumen del escritor. Así quedó, en un bosquejo realizado a mano hasta después de la inauguración del templo construido en Londres por el gobierno y el *sangha* de Thailandia. Cuando el escritor regresó, lo volvió a escribir en lo que esperamos que sea un lenguaje comprensible. A continuación volvió a escribirse toda la obra, añadiendo correcciones tanto de contenido como de estilo, a la vez que se añadieron las notas. Mi venerable amigo, el *bhikkhu* Pasadiko, repasó cuidadosamente el libro sugiriendo mejoras ulteriores y corrigiendo cualquier incorrección en los diacríticos sánscritos. La traducción final ha sido repasada por el venerable Rato Rinpoche y por Gyatsho Tshering, del Consejo de Asuntos Culturales y Religiosos de S.S. el Dalai Lama.

Ahora hay que decir algo acerca de las notas. De todas ellas, con la excepción de la segunda y de algunas otras, es responsable el presente escritor, y por ello pide excusas a los eruditos por cualquier deficiencia al respecto. Las pocas que no son obra suya

Prefacio de los traductores

son producto del trabajo del venerable traductor de la edición en hindi. En estas notas, además de ampliar cuestiones que obviamente requerían más explicación, se ha intentado relacionar, en general mediante comparación pero de vez en cuando contrastando, los diversos caminos y categorías del Dharma existentes en el Tibet con los *theravadines*. La razón no se debe únicamente a la sensación compartida por muchos budistas de que tenemos más en común que lo que nos divide, ya que de hecho podemos distinguir una gran masa de enseñanzas básicas y prácticas que podríamos denominar "Dharma de raíz", sino también a que muchas personas están en comparación más familiarizadas con las traducciones del *Canon Pali (Tripitaka)*. Así sucede con el vasto material de Discursos del Buda preservados ahí y que conforman la base tanto de las enseñanzas Theravada como de la tradición Sarvastivada como se siguen enseñando mediante obras tan famosas como el *Abhidharmakosa*. Por ello se han ofrecido referencias de esos discursos (*sutta*) allí donde en esta obra se trataban temas idénticos o similares.

En cuanto a las fotografías que acompañan el libro, nuestra intención ha sido seleccionar ilustraciones acerca de la práctica del budismo tibetano. En numerosos libros publicados en Occidente se pueden hallar ilustraciones de arte y cultura tibetanos, pero por lo general omiten la práctica del Dharma. Hemos tratado de rectificar dicha omisión. Las fotografías de los *thankas* fueron tomadas en Siam gracias a que Su Santidad trajo consigo los originales desde la India, cuando él y su séquito visitaron este país, y muestran los diversos estilos descritos en el texto.

Después está la cuestión de cómo lidiar con los términos técnicos que aparecen en la obra, traducidos del tibetano al sánscrito. Por lo general aparecen así en el texto, acompañados, cuando se ha creído necesario, de una adecuada traducción al inglés. Es esencial una cierta familiaridad al menos con los términos básicos utilizados en el Dharma ya que muchos de ellos no pueden traducirse con exactitud a idiomas occidentales, por lo que el original sánscrito debería ser recordado como parte del esfuerzo

Prefacio de los traductores

para comprender el alcance de su significado. En algunos casos no se han traducido (Buda, Dharma, *dharma, duhkha,* etc.), habiéndose añadido notas la primera vez que aparecían. En cualquier caso, el uso repetido hace que se adquiera familiaridad con dichos términos. El inglés no es un idioma adecuado para traducir algunos de los términos comúnmente utilizados en la instrucción budista, pero esperemos que con el aumento del Dharma en las tierras de habla inglesa, este idioma vaya absorbiendo cada vez más dichos términos, como parece haber ocurrido con los idiomas del Oriente budista.

Ahora unas palabras acerca de la lectura y la disposición del libro. «La historia del avance del Dharma en el Tibet», que conforma un apéndice en la edición en hindi aparece aquí insertado antes del cuerpo principal de la obra, con la intención de que se convierta en una introducción fácil para el resto del libro. Los lectores que no tengan mucho conocimiento de las enseñanzas budistas no tendrán dificultades al leerla. Tras haberla leído, el escritor sugiere que a continuación se dirija a la sección «Dharma» y luego a «La triple instrucción», que comprende virtudes, recogimiento y sabiduría. Una vez se ha leído cuidadosamente este material –que es algo que en especial requiere la sección sobre sabiduría–, el lector puede regresar al principio de la obra y continuar leyéndola en el orden establecido. Es conveniente leer el libro en varias ocasiones, y en caso de conocer a algún maestro competente que pudiera explicar muchos de los temas que aparecen en secciones resumidas, resultaría altamente iluminador y ayudaría a comprender la maravillosa profundidad del Dharma.

Cualquiera que haya estudiado el Dharma se da cuenta de que se trata de una cuestión muy técnica porque el tema con el que trata –la mente y el cuerpo, y su formación en el camino de la iluminación– es complejo y requiere de un enfoque exacto y técnico. A veces resulta imposible soslayar las complicaciones, ya que la gran mayoría de los seres humanos no son sino complicaciones de avaricia, aversión e ignorancia. Las formas de instrucción per-

Prefacio de los traductores

sonal, y por tanto beneficiosas para otros, que aparecen descritas aquí forman parte de todas las formas utilizadas en el Dharma. Son buenos ejemplos del Dharma de raíz, que es patrimonio común tanto de las escuelas Theravada como Mahayana, pues es en el terreno de la práctica donde hay que buscar la armonía entre lo que aparentemente son tradiciones divergentes. Cuando se examinan con atención las prácticas, no parecen tan distintas como pueden sugerir los libros.

De hecho es la práctica, y no sólo la creencia, la que conforma la esencia del Dharma budista. El Dharma puede practicarse aquí y ahora, en la vida cotidiana o en retiro, como *bhikkhu* o monja, como *upasaka* o *upasika* (laico y laica). ¿Y en qué consiste dicha práctica, en pocas palabras? Los primeros pasos son:

> *Abstenerse del mal y*
> *aumento de lo beneficioso.*

Se consigue lo primero al tomar los preceptos y luego manteniéndolos con sinceridad y pureza. El segundo aspecto se logra a través de cosas muy ordinarias pero esenciales, como generosidad hacia aquellos a quienes hay que mantener, servir a quienes necesitan ayuda, respetar a quienes deben ser respetados y dulzura hacia todas las criaturas vivas, tanto humanas como no humanas. Nunca se pueden desatender esos pasos en favor del estudio intelectual. Ni escribir libros ni dar charlas pueden sustituir la necesidad de aumentar lo beneficioso en el propio corazón. El mérito (*punya*), o "lo que limpia y purifica", es la base de toda práctica budista en todas partes, y toda oportunidad debe utilizarse para aumentar lo beneficioso y limitar el mal, pues ése es el sendero de la pureza y sin él no es posible iluminación alguna. Tras comprender lo más básico, hay que encontrar un buen maestro que explique cómo aplicarlo en la propia vida. La práctica nunca puede satisfacerse solamente a través de los conocimientos obtenidos en libros, sino aplicando el Dharma en la propia vida. Por ello, budista es quien desarrolla en sí mismo generosidad, servi-

Prefacio de los traductores

cio, reverencia, dulzura, paciencia, alegría y demás, y aquel en quien pueden observarse dichas cualidades, tanto si es erudito como si no, es un buen budista.

En segundo lugar, la práctica budista significa la instrucción y el desarrollo de mente y corazón (*citta*), lo que suele conocerse como "meditación", pero que podría denominarse "recogimiento" de manera más acertada. No obstante, ese paso no puede llevarse a cabo con éxito a menos que se haya establecido una cierta pureza mental al «limitar el mal y aumentar lo beneficioso».

Como ocurre con todo tipo de formación, en el Dharma lo primero es lo primero, y si existen dudas acerca de cómo empezar, lo más conveniente es practicar el comedimiento y la obtención de mérito, que conforman realmente el principio.

Es el ardiente deseo de los traductores que el Dharma del Gran Compasivo penetre en los corazones de todos los hombres sabios. Y que pronto, muy pronto, pueda el pueblo tibetano obtener su libertad de la opresión para que de nuevo pueda practicar el Dharma.

HISTORIA DEL AVANCE DEL *BUDDHADHARMA* EN EL TIBET

En todo el Tibet se sigue la suprema enseñanza del Buda. Como existen ciertos malentendidos a propósito de la práctica del Dharma por parte de los tibetanos, nos ha parecido necesario presentar aquí una breve historia del avance del Dharma en nuestro país.

Geográficamente, el Tibet está dividido en tres regiones principales: U-Tsang, Do-Töd y Do-Med. No existe lugar alguno en esas tres regiones en el que no se haya extendido el *Buddhadharma*, por lo que decimos que este Dharma brilla como el sol sobre la tierra del Tibet.

Desde el punto de vista del tiempo, la historia del Tibet está dividida en dos partes: el avance antiguo de la *sasana* (enseñanza) y el avance posterior.

El avance antiguo

El trigésimo segundo rey del Tibet fue Srong-tsen-Ganpo (s. VII), que ascendió al trono a los trece años y gobernó de manera muy religiosa. Gracias a él llegó el Dharma al Tibet por primera vez, y se construyeron varios templos en Lhasa, Tra-Drug (sur del Tibet) y en otros lugares. Luego envió a su consejero, Thon-mi-Sambhota a estudiar a la India, donde alcanzó gran competencia

El ojo de la sabiduría

en gramática y en los diversos alfabetos índicos. A su regreso al Tibet compuso, siguiendo el modelo de lo aprendido, un alfabeto y ocho volúmenes de gramática y ortografía adecuados para los tibetanos.

Este rey invitó a visitar el Tibet a muchos *pándits* budistas tanto indios como nepalíes. Los más famosos entre los que acudieron fueron el *acarya* (maestro) Kumara, el *acarya* Brahmanasankara y el *acarya* Silamañju, de Nepal. Estos maestros tradujeron la enseñanza original de los discursos (*Sutras*), o algunos de ellos, junto con algunos *Tantras* (textos para la práctica de la meditación) y de esa manera presentaron la enseñanza budista a los tibetanos. Aunque el budismo no estaba muy extendido, el propio rey guió a muchas personas afortunadas, en especial en la enseñanza del Mahakarunika (El Gran Compasivo o Avalokitesvara).

Después de este rey sabio, el 37.º gobernante fue el rey Tritsong-de-tsen (756-804), otro soberano honesto y piadoso. Tenía en mente la intención de diseminar el *Buddhadharma* por todo su reino y para ello invitó a diversos maestros budistas indios. Con motivo de dicha invitación llegaron al Tibet importantes maestros como el *upadhyaya* Santaraksita, y el guru Padma-sambhava. Entre otros, también podemos mencionar a los siguientes *acaryas*: Vimalamitra, Santigarbha, Dharmakirti, Buddhaguhya, Kamalasila, Vibuddhasiddha. Esos grandes maestros y otros muchos son conocidos en el Tibet como los 108 *pándits*. Tradujeron muchas obras al tibetano trabajando en conjunción con maestros tibetanos como Vairocana, Nyag Jyanakumara, Kawa Pal-Tseng y Chogro Lu Gyaltsen. Así fue como aparecieron en tibetano las tres divisiones principales del sagrado canon de la palabra del *Buddhadharma* (el Tripitaka): disciplina, discursos y psicofilosofía (*Vinaya, Sutra* y *Abhidharma*) junto con las enseñanzas tántricas y muchos de los principales comentarios. Al mismo tiempo, esos sabios maestros también establecieron *viharas* (residencias monásticas) que fueron centros de saber y lugares de práctica.

El siguiente gran soberano tras el rey Tri-tsong-de-tsen fue el 41.º de la historia del Tibet, el rey Tri-ral-pa-tsen (817-836). Du-

Historia del avance del Buddhadharma *en el Tibet*

rante su reinado reglamentó que cada *bhiksu** (monje) debía ser mantenido por siete familias, y también construyó más de mil *viharas*. Tenía tanta confianza en el *Buddhadharma* que hizo que sus maestros (*acaryas* y *gurus*) permaneciesen en pie junto a su tocado mientras los veneraba de todo corazón. Sirvió a la enseñanza de los conquistadores de manera noble. Como en el caso de los dos reyes anteriores, también invitó al Tibet a maestros budistas indios y entre los que aceptaron estaban los siguientes *acaryas* y *upadhyayas*: Jinamitra, Surendrabodhi, Silendrabodhi, Danasila y otros. El rey permitió asimismo que los *upadhyayas* tibetanos Ratnaraksita y Dharmatasila, junto con los *lotsavas* (traductores) Jñanasena y Jayaraksita, revisasen las antiguas traducciones realizadas en los tiempos de los reyes anteriores (que habían demostrado ser poco claras) y que utilizasen las palabras tibetanas más correctas para los términos sánscritos que no habían sido traducidos en los libros de los discípulos (*sravaka*) y en los del *mahayana* (gran vehículo). A continuación, esos *pándits* prepararon, con permiso del rey, una edición en 16 volúmenes de la obra conocida como *Gran Madre*, en sánscrito, *Satasahasrika-prajñaparamita-sutra* (*Discurso en cien mil versos acerca de la sabiduría perfecta*). También se revisaron y reescribieron en el lenguaje entonces contemporáneo las viejas traducciones de la palabra del *Buddhadharma*, proporcionando un gran ímpetu a la Rueda del Dharma en la "Tierra de las nieves". Y así finaliza este breve relato del período antiguo del avance del Dharma.

El avance posterior

Tras la muerte del último monarca, el 42.º rey, Lang-dar-ma (836-842), odió las enseñanzas budistas. Cometió numerosos ultrajes contra los *viharas* budistas y trató a los budistas con gran

---

* También bhikkhu.

El ojo de la sabiduría

crueldad, de manera que la *Buddhasasana* casi desapareció durante su reinado. Temiendo las acciones de este rey, tres seguidores de la tradición del *acarya* Santaraksita huyeron a la región del Khamb, en Tibet oriental, y allí se ordenaron *bhiksus* (monjes budistas) con un preceptor. A partir de ese momento volvió a aumentar paulatinamente el número de *bhiksus*, por lo que los acaryas Dharmapala y Sadhupala, del este de la India, se trasladaron del Tibet occidental al central. Como resultado de las actividades de esos maestros, junto con la llegada del *mahapandita* Sakyasri de Cachemira, el número de *bhiksus* volvió a aumentar, restableciéndose el *Buddhadharma* en el Tibet.

A partir de entonces llegaron más maestros indios al Tibet, a la vez que numerosos traductores y maestros tibetanos, pasando grandes penalidades y sufrimientos, bajaron a la India y al Nepal para estudiar los *Sutras* y los *Tantras*, ofreciendo montones de oro a los pies de los grandes maestros y sabios de esa época. A su regreso al Tibet, tradujeron esas enseñanzas al tibetano, aumentando el número de seguidores en esa tierra. De esa manera, se opusieron al prolongado declive de las tradiciones de estudio y práctica. Gracias a ello volvió a brillar la *Buddhasasana*. Éste ha sido un breve relato del período del último avance del Dharma en el Tibet.

Las diversas escuelas budistas

En el Tibet hay numerosas escuelas budistas con diversos nombres, de acuerdo a la época de su creación, el lugar, la enseñanza o el fundador. Por ejemplo, la escuela Ñingma-pa (la de los antiguos) recibe ese nombre de acuerdo a la temporalidad. Sakya-pa, Stag-lung-pa, Dri-kung-pa, Drug-pa, Gedan-pa, son ejemplos de escuelas con nombres relacionados a lugares. Karma-kagyu-pa y Vuluk-pa conmemoran a sus fundadores, mientras que Khadam-pa, Zog-chen-pa, Tsyag-chen-pa y Shi-je-pa llevan un nombre que hace referencia a sus respectivas enseñanzas. No

Historia del avance del Buddhadharma *en el Tibet*

obstante, todas esas escuelas pueden dividirse en dos grupos: Ñing-ma (la antigua) y Sarma (la nueva).

¿Qué las diferencia? El Mahayana se extendió por el Tibet de dos maneras, consistiendo en *Sutras* y *Tantras*, pero aquí "antigua" y "nueva" sólo hacen referencia al último aspecto. Desde los tiempos antiguos hasta la llegada del *acarya* Smritijñana, los libros de tantra traducidos se denominan "traducciones antiguas", y quienes siguen esta enseñanza son conocidos como los antiguos o del viejo estilo. Pero desde la época del *lotsava* Rinchen-zangpo en adelante, los *Tantras* traducidos al tibetano pasaron a llamarse las "nuevas traducciones", y sus seguidores, los del nuevo estilo. Este *lotsava* realizó la primera traducción de los nuevos *Tantras* en 978 y tuvo muchos seguidores en esa empresa. Como resultado de sus esfuerzos, los nuevos *Tantras* y su práctica se diseminaron y establecieron en el Tibet.

En la actualidad son cuatro las principales escuelas del Tibet. La primera de ellas entra en la categoría de las enseñanzas antiguas y se llama Ñingma-pa. Las otras tres pertenecen a las enseñanzas nuevas y son Kagyu-pa, Sakya-pa y Gelug-pa. Repasaremos cada una de ellas brevemente:

I. En el 810, el *acarya* Padma-sambhava de Udyana llegó al Tibet. Permaneció en el *vihara* de Samye y allí tradujo 18 libros concernientes a la literatura tántrica de la Mahasiddhi ("Gran realización"), que trata de la práctica meditativa. En presencia del rey y de otras 25 personas importantes, puso en movimiento la Rueda adamantina del Gran Secreto (*Maharahasya-vajrayana-cakra*). Este linaje iniciado por Padma-sambhava es conocido como la escuela tántrica de los antiguos (Ñingma-pa).

II. Marpa-lotsava (el traductor) nació en 1012 y durante su vida visitó la India en tres ocasiones. En el transcurso de esas peregrinaciones, y bajo la guía de los *siddhas* Naropa y Maitripa, tradujo y explicó importantes textos tántricos. La tradición fundada por él, y por su eminente discípulo el *jetsun*

El ojo de la sabiduría

Milarepa, se llama Kargyu-pa o "transmisión oral". Esta escuela está dividida en ocho subescuelas, cuatro de las cuales se consideran grandes, y las otras cuatro menores. Las primeras son: Kam-tsang-pa, Drigung-pa, Taglung-pa y Drug-pa.

III. El año 1034 fue testigo del nacimiento en el Tibet de Konchog-gyal-po, que más adelante escucharía las enseñanzas del *lotsava* Drogmi explicando el camino y sus frutos según la tradición del *acarya* Dharmapala. Tras practicar y convertirse en un gran maestro realizado, se le conoció como el *mahasiddha* Virupa o *mahapandita* Gayadhara. La escuela por él iniciada y desarrollada por sus discípulos es la Sakya-pa.

Más tarde, en 1039, llegó al Tibet el *acarya mahapandita* Dipankara-srijñana*, del gran *vihara* (monasterio) de Vikramasila, en la India. Allí, este famoso maestro expuso las profundas enseñanzas tanto de los *Sutras* como de los *Tantras*. Estableció la escuela llamada Khadam-pa, desarrollada por sus discípulos.

IV. Unos tres siglos más tarde, en 1357, nació el gran Je Tsongkha-pa, siendo educado en la escuela Khadam-pa, que con el tiempo se convertiría en un sabio y realizado maestro. Consiguió penetrar el sentido correcto de las palabras del Buda, junto con sus comentarios, como fueron transmitidos en el Tibet, mediante las sabidurías de la escucha, el pensamiento y el desarrollo. Tras obtener el auténtico conocimiento de las enseñanzas del Buda, las transmitió a sus discípulos de manera convincente. Esta escuela que fundó, y que ha sido desarrollada por los grandes eruditos que le sucedieron (como Khedrub-rje), es conocida como Gelug-pa (la de los virtuosos), o Gedan-pa.

---

* Una tradición le relaciona con Jaiya en el Sur de Siam, donde permaneció durante su viaje a Java.

Historia del avance del Buddhadharma *en el Tibet*

Similitud de propósitos entre las escuelas

Hay quien supone que como en el Tibet existen tantas escuelas de pensamiento y práctica, deben haber creencias, prácticas y realizaciones contrarias, al igual que pueden hallarse diferencias muy claras entre los budistas y otras religiones. Pero, en realidad, no es así.

Las diferencias entre budistas son superficiales, de la misma manera que existen diferencias entre aviones. Aunque algunos son pequeños y otros grandes, y aunque pueden apreciarse diseños distintos, todos ellos vuelan gracias a sus motores, la presencia de aire y otros condicionantes, siendo todos "aviones". De igual modo, las diferencias superficiales y menores entre las escuelas budistas del Tibet sólo lo son respecto a la pericia en el método y los métodos de práctica utilizados. Esos métodos y prácticas se basan en las experiencias de los fundadores y practicantes realizados de esas diversas escuelas para guiar a las personas por el sendero correcto. El objetivo de todas esas escuelas es alcanzar la budeidad, y en ese sentido no existen diferencias entre ellas. Además, "pericia en el método" implica aquí la triple instrucción (en virtud, recogimiento y sabiduría) y los cuatro sellos o marcas (mudras)* utilizados para avanzar en el sendero hacia la budeidad. Estas enseñanzas pueden usarse sin contradicción tanto si se practica el camino de los *Sutras* o el del tantra, o ambos. Debemos comprender que, en este sentido, las prácticas de todas las escuelas son iguales.

El Buddhadharma *prístino y magistral en el Tibet*

Algunas personas piensan que la religión del Tibet es la de los "lamas", que han fabricado un sistema denominado "lamaísmo".

---

* Todas las cosas condicionadas son impermanentes; todas las cosas condicionadas son *duhkha* (insatisfacción); todos los *dharmas* (acontecimientos que pueden experimentarse) carecen de alma o sí mismo; y el nirvana es paz.

31

El ojo de la sabiduría

También dicen que dicho sistema está muy lejos de ser la auténtica enseñanza del Buda. Esas ideas no tienen fundamento, ya que no hay ningún "ismo" por parte de los lamas separado de las enseñanzas del Buda.

Todos los *Sutras* y *Tantras* canónigos que conforman la base del *Buddhadharma* en el Tibet fueron enseñados por el Buda en persona. Los eruditos indios llevaron a cabo un examen triple para decidir el significado y la autenticidad de *Sutras* y *Tantras*. También hay que saber que los grandes sabios y *yoguis* realizados alcanzaron la iluminación mediante la práctica de estas profundas enseñanzas. Por último, los reyes del Tibet, que fueron como *bodhisattvas*, sus eminentes ministros y los compasivos traductores, ni siquiera tuvieron en consideración sus propias vidas, por no hablar de dinero y riquezas, a fin de obtener el verdadero conocimiento del Dharma. Los eruditos tibetanos tuvieron que pasar muchas penalidades en sus viajes hacia Nepal y la India para obtener y corregir manuscritos y tradiciones, y sus ires y venires podrían compararse a un río que fluía continuamente entre dos países. Estudiaron y practicaron el Dharma bajo la guía de grandes y sabios maestros cuya erudición está más allá de toda cuestión. Satisficieron a dichos maestros sirviéndolos de todas las maneras imaginables, escucharon su enseñanza del Dharma y la tradujeron al tibetano. Teniendo como base dichas enseñanzas, los budistas tibetanos escuchan el Dharma, piensan en él y lo practican. *Aparte de este* Dharma *auténtico no existe en el Tibet ninguna enseñanza arbitraria impartida por lamas.*

Si entre los *pándits* tibetanos surge alguna cuestión dudosa, o cuando hay que dilucidar alguna referencia en alguna discusión dhármica, siempre piensan: «¿Lo dijo el Buda, o no?». Y también: «¿Ofrecieron esta enseñanza los *pándits* indios, o no?». Siempre se ha analizado el Dharma de esta forma. Cualquier enseñanza considerada como verdadera lo ha sido sólo teniendo en cuenta lo pronunciado por el Buda, o por los maestros budistas indios.

ABRIR EL OJO DE LA SABIDURÍA

*Honor a la suprema sabiduría que analiza
perfectamente todos los* **dharmas**[1]

Según la tradición budista, la era presente se llama la época de la virtud (*sila-kala*),[2] siendo una de las divisiones del período de 5.000 años que se dice durará la enseñanza del cuarto Buda[3] aparecido en este eón. La característica religiosa más importante de esta era radica, pues, en la observancia de los preceptos morales. Son especialmente necesarios porque en esta era atómica el progreso material ha sido, y continúa siendo, muy rápido. No es que no sea deseable, sino más bien que, por una parte, habría que hallar un equilibrio entre los beneficios materiales y por otra, valores espirituales y práctica religiosa. Las enseñanzas del Buda pueden ser muy importantes a fin de ayudar a corregir el énfasis parcial en las cuestiones materiales. Estas enseñanzas, conocidas en Occidente como budismo, pero para las que utilizaremos el término tradicional "Dharma", han sido, durante siglos, una gran ciencia mental y espiritual y, por tanto, han establecido un camino trillado para cultivar la mente y el corazón (ambos aspectos, mental y emocional, están incluidos en el término budista "citta"), conduciendo a su desarrollo en aquellos que desean practicar meditación. Este patrimonio espiritual debe ser utilizado en provecho del ser humano. El que así sea requerirá que muchas

El ojo de la sabiduría

personas estén versadas en las escrituras budistas y en la profunda filosofía que contienen. Pero a su vez, eso implicaría un estudio profundo y extenso de dichas escrituras, que resultaría difícil para muchas personas en el momento presente, ya que los libros sagrados son voluminosos y el tiempo del que se dispone suele ser escaso. Por tanto, pensé que habría que escribir un librito en el que apareciese, de manera concisa pero comprensible, la esencia del Dharma. Por esa razón hemos titulado este libro (literalmente): *La revelación de la clara sabiduría,* y el contenido de los capítulos que aparecen a continuación exponen la esencia del *Buddhadharma*.

DHARMA[4]

Nuestro deber más elevado como seres humanos es hallar los medios por los que los seres puedan liberarse de todo tipo de sufrimiento o experiencias insatisfactorias (*duhkha*).[5] Todos los seres vivos desean bienestar, felicidad y evitar los sufrimientos. Además, este deseo de felicidad no sólo puede hallarse en personas inteligentes sino en todas las criaturas del mundo, incluso en las más insignificantes. Tanto nosotros mismos, como yo mismo, o los seres del mundo animal, todos deseamos por igual el aumento del placer y la disminución del dolor. La destrucción de *duhkha* sólo puede alcanzarse realizando un esfuerzo personal. No sirve de nada contar con aspiraciones sublimes y luego sentarse y esperar a que se cumplan, porque esta actitud, que en realidad no es sino pereza, ni conducirá a la destrucción de *duhkha* ni al aumento de felicidad. *Es necesario poner de manifiesto que los diversos aspectos de* duhkha *tienen su origen en causas, y por ello es posible investigar* duhkha *y ponerle fin.*

Al hallar las raíces de *duhkha* y destruirlas, la vida humana puede tornarse en felicidad y prosperidad.

Para conseguirlo es esencial que practiquemos en nuestras vidas las causas que producen felicidad, a la vez que hay que cesar de poner en funcionamiento las que originan duhkha.

El Dharma del Buda muestra el camino para ello. Aparte del Dharma, no existe otro medio por el que lograr este objetivo de felicidad y eliminación del sufrimiento, porque en él aparece ex-

El ojo de la sabiduría

plicado el método correcto que conduce a quien lo practica hacia la perfección de su meta. Viviendo de acuerdo con el Dharma no sólo se puede convertir esta vida en algo con sentido, llena de felicidad y prosperidad, sino también todas las futuras. Para conseguirlo es necesario comprender la quintaesencia del Dharma. Cuando se comprende, tiene lugar un gran cambio en la vida, como puede apreciarse en la manera de vivir de quienes viven sin el Dharma y quienes está bien arraigados en él. Pues mientras, por ejemplo, los primeros se sentirán desasosegados con la aparición de la enfermedad, sufriendo mental y físicamente, los segundos reaccionarán recordando que dicho tipo de experiencias insatisfactorias son parte natural de la vida y, por tanto, inevitables. Además, pueden considerar que *duhkha* nos visita a lo largo de la vida, siendo en realidad el resultado experimentado del mal *karma* pasado (las acciones pasadas realizadas con intención malévola). También pueden reflexionar y pensar que esas sensaciones dolorosas son simplemente la naturaleza de quienes vagan por el nacimiento y la muerte (*samsara*), donde todo ello se experimenta. Así pues, la templanza frente a *duhkha* es proporcional al conocimiento y práctica del Dharma de cada uno. En otras palabras, es posible sobreponerse a todo dolor físico sin trabas mediante la fortaleza de los procesos mentales.

Todas las sensaciones que se experimentan, tanto las agradables, dolorosas o neutras, tienen su origen en causas y no surgen sin ellas. Se dice en los tratados (*sastras*) que tanto el placer como el dolor surgen debido al funcionamiento del principio de causa y efecto. Una persona ignorante del Dharma no comprende este mecanismo de causa y efecto, y por ella el placer y el dolor surgen por azar. *La quintaesencia del Dharma es que se han realizado en uno mismo las causas del propio* duhkha, *y por tanto puede explicar a los demás las causas de* duhkha. El auténtico hombre religioso acepta la verdad, según la cual es responsable de las sensaciones placenteras o insatisfactorias que experimenta, pues son los frutos de su propio *karma*. Sabe que los frutos del *karma* dañino, maléfico y desgraciado, son dolorosos, mientras que los resultados de un *karma* meritorio y beneficioso son experiencias de felicidad. Mientras que el auténtico hombre religioso es capaz de ver las cosas bajo esa luz, el hombre sin Dharma, como ya hemos dicho anteriormente, al carecer del conocimiento de causa y efecto, se acongoja y lamenta cuando le sobrevivienen sensaciones insatisfactorias, y con ello intensifica su *duhkha*. Por ello, carece de la oportunidad de experimentar la auténtica felicidad del Dharma.

La personalidad humana incluye tanto el cuerpo físico como los diversos procesos mentales y emocionales que colectivamente se denominan "mente" o "citta". De ellos, los mentales son los principales.[6] Como la mente es el soberano del cuerpo, resulta obvio que la experiencia corporal, tanto placentera como dolorosa, depende en gran medida de la mente. Apartándose del camino del Dharma se puede llegar a experimentar mucho sufrimiento. Por ejemplo, los deseos de placeres o riqueza empujan a ganar más dinero. Quienes los persigan se verán desde el principio asediados por la preocupación de que tal vez tras todos sus grandes esfuerzos, tanto mentales como físicos, puede que no sea posible colmar dichos deseos. A fin de colmarlos se estará dispuesto a padecer cualquier tipo de sufrimiento. Y así será: sufrirán inseguridad, temor a ser robados, a perder las riquezas, a malgastarlas o agotarlas de alguna manera, y demás, siendo todo ello otra forma de *duhkha* o sufrimiento. Por ello, buscan maneras de proteger sus ganancias que, como pueden entrar en conflicto con otros intereses, provocan una carencia de armonía en la sociedad y dan origen a facciones enfrentadas. A su vez, todo ello no hace sino generar más ambición y odios, garantizando que esas características se arraiguen con más fuerza en los corazones de quienes carecen del Dharma. La muerte le llega incluso al más rico de los hombres, y su riqueza celosamente guardada pasa a ser propiedad de otros. Los sufrimientos que suelen acompañar a la riqueza provienen de la carencia de una comprensión adecuada del Dharma. Si se ha realizado el Dharma en profundidad, se considerará la riqueza obtenida como gotas de rocío sobre las briznas de hierba y, por ello, se abandonará la interminable lucha para ganar más y más. Así, si por cualquier circunstancia hubiera que renunciar a la riqueza, ello no provocaría sufrimiento.[7]

De igual manera, aunque al sentirse insultado o criticado con alevosía, no se percibirá sufrimiento en el corazón mientras no esté apegado al nombre y la fama. Esa conducta por parte de los demás tendrá un resultado escaso, será como hablarle a una piedra, como ecos vacíos. El hombre desapegado no tiene enemigos a los que vencer, ni la ansiedad le impide favorecer a sus allegados o a los que detentan la autoridad, ni tampoco siente temor a ser derrotado. Ninguna de las ocho condiciones de la existencia (*lokadharma*) –ganancia, pérdida, deshonor, honor, culpa, alabanza, felicidad y miseria– puede irritar a un hombre así; pero si alguien se siente contrariado por dichas cuestiones, entonces se debe a una falta de comprensión del Dharma, o porque, aunque se haya comprendido el Dharma, no se ha puesto dicha comprensión en práctica.

La quintaesencia del Dharma revela realmente que el poder de los medios de obtención de los placeres sensuales no es mayor que el de una gota de rocío sobre una brizna de hierba antes del amanecer. Esta afirmación del Dharma no es ni imaginaria ni una suposición, sino que es un hecho observable tanto en la propia vida como en la de los demás. Para comprender una experiencia hay que observarla junto con las condiciones que la han precedido. Ése es el método científico del Dharma que nos enseña cómo considerar las causas y los efectos. La insustancialidad de los medios para la obtención del goce sensual se hace aparente cuando se lleva a cabo un análisis de los factores implícitos, pero la gente no acaba de comprenderlo con claridad. Cuando se comprende el coste de los placeres, lo inseguro de su goce, la forma en que surgen debido a un conjunto de condiciones y lo inestable y fugaz de su naturaleza, entonces se ve la necesidad del Dharma, y la propia vida cambia enormemente. La búsqueda del placer, de la que surge la lujuria, el odio, la atracción y el apego, se transforma en la búsqueda del Dharma. Esas impurezas mentales que tan difíciles eran de controlar, que son las fuerzas dominantes en una mente que ignora el Dharma, se debilitan, y sus causas son comprendidas. Cuando se comprende el Dharma y la mente se establece en él, entonces se cuenta con la capacidad necesaria para aguantar los ataques de dichas impurezas mentales (*klesa*) mediante la templanza, la abstinencia o la discriminación mental,[8] siendo necesario un esfuerzo para poder deshacerse de ellas.

El Dharma anima al ser humano a comprender que puede liberarse de las diversas tribulaciones de *duhkha*, tanto internas como externas, y que también pueden aminorarse las tormentas de sufrimiento que arrecian entre otros seres humanos.

De la ignorancia del Dharma proviene la existencia de la siguiente sucesión de acontecimientos: una continua corriente de enemigos en número creciente, la rivalidad en lograr objetivos egoístas, el esfuerzo por derrotar a otros en esta lucha para poder salir triunfador. Quienes ven el mundo de esta manera intentan hacer poderosa su propia nación y, para ello, equipan sus ejércitos con las armas más letales y, luego, como ya no pueden alcanzar acuerdos de paz, preparan guerras terribles. A causa de esas impurezas incontroladas en los corazones de las personas, las intensas oleadas de lujuria, odio, ignorancia, avaricia, envanecimiento, crueldad, violencia, y otras, empiezan a arreciar como si se tratase de tifones, llevándose por delante todo lo que hallan a su paso. El resultado, para los seres que no cuentan con refugio, es que se ven obligados, en contra de sus deseos, a existir entre esos torrentes de *duhkha*; mientras que si los hombres tuviesen una comprensión del Dharma y se dejasen guiar por él, entonces todo ese tumulto de sufrimiento cesaría.

Como se ha subrayado en el párrafo anterior, la vida humana está dominada por la mente y sus diversos mecanismos. Así pues, la arrogancia, los celos, el deseo, el odio y la ignorancia surgen del funcionamiento de la mente y, como son dañinos tanto para uno mismo como para los demás, se denominan *dharma*s perniciosos (fenómenos mentales). De igual manera, la cordialidad, la dulzura, el servicio a los demás, la devoción, la renuncia y la con-

El ojo de la sabiduría

fianza también son fenómenos mentales, pero debido a su naturaleza propicia, se los denomina *dharmas* beneficiosos (*kusala dharma*). Mediante el poder de estos *dharmas* beneficiosos, pueden neutralizarse las faltas e impurezas presentes en la mente, y son precisamente estos *dharmas* los que pueden evitar que una persona se ahogue en sus propias faltas. La salvación de las impurezas de la propia mente recibe mucha ayuda si se desarrolla vergüenza moral (*hri*), ya que ello provoca que uno empiece a apreciar cualidades elevadas, como pueden ser la cordialidad, compasión y empatía (*maitri, karuna, mudita*). El miedo a ser inculpado (*anapatrapa*) por los demás también ayuda, dado que impide que se sea indulgente en la comisión de acciones ilegales e inmorales. Estas dos virtudes son como vigilantes que guardan al ser humano, evitando que perpetre el mal.[9] A causa de su eficacia, se está a salvo respecto a muchos tipos de indulgencias, pudiendo vivir con tranquilidad. En la vida del propio contento existe felicidad y paz y nunca parece que sea demasiado difícil de vivir.

Por estas razones, es necesario comprender la quintaesencia del Dharma y ponerlo en práctica en la propia vida.

RENACIMIENTO[10]

(Punarbhava)

También es necesario tener en cuenta otra cuestión: la de que la vida presente del ser humano no significa el fin de todo. No se cumple con el deber de esta vida simplemente viviendo cómodamente. El futuro de repetidos nacimientos se extiende ante nosotros y puede ser largo. Ese sendero que hay que seguir puede llevar a través de muchos nacimientos y, a fin de asegurarse de que serán felices y libres de *duhkha*, tendríamos que entrar a considerar qué métodos podrían adoptarse. A fin de cuentas, claro está, nuestro objetivo es hallar la libertad de esta alternancia de felicidad y *duhkha* mundanos, experimentando la paz y felicidad más elevadas, el nirvana.

Por lo tanto, es bueno repetir que tener únicamente como objetivo la felicidad y prosperidad en esta vida no es suficiente ni vale la pena. Cuando esta vida finaliza, esa felicidad y riqueza tan laboriosamente adquiridas también cesan, pero el continuo mental fluye para experimentar el renacimiento en una nueva vida, de acuerdo con los frutos del *karma*. Realizando actos beneficiosos aquí y ahora, esas vidas futuras pueden estar provistas de condiciones que produzcan felicidad. Este trabajo lleno de pericia, cuyos frutos se recogerán en el futuro, sólo puede llevarse a cabo practicando el Dharma.

Ahora bien, aquellos que permanecen ignorantes del Dharma, y

El ojo de la sabiduría

quienes no comprenden sus honduras, recogerán dudas tras el renacimiento. Pueden suponer que la conciencia que en esta vida depende parcialmente del cuerpo físico deriva totalmente de él, y que al surgir con él también cesará cuando él lo haga. De igual manera, asumen que esta vida presente no guarda relación alguna con otras existencias pasadas. Se cree que es así porque se parte de otra asunción: como los acontecimientos de esta vida se perciben y recuerdan, también deberían percibirse los de otras vidas pasadas mediante la memoria. Además, tampoco han experimentado con sus propios ojos la existencia de vidas pasadas o futuras. Por ello afirman que con la muerte el cuerpo regresa a los cuatro grandes elementos,[11] mientras que la conciencia desaparece como un arco iris en el cielo. Las personas de ese tipo cuentan con una visión limitada, pues aunque perciben la dependencia de la continuidad mental respecto al cuerpo, no comprenden que la mente también puede ser independiente respecto a una burda base física.

La esencia de las afirmaciones del párrafo anterior desde un punto de vista filosófico es que la conciencia de esta vida nace de un agrupamiento de elementos inorgánicos inconscientes. Así pues, la naturaleza de la causa supuesta (elementos inconscientes) difiere de la del efecto supuesto (mente consciente), de conformidad con algunos puntos de vista materialistas, ya que afirman que causa y efecto deben diferir: al igual que el fuego es provocado por la lupa, o que la intoxicación es causada por el vino.

Además, están los lógicos de la "escuela de producción espontánea",[12] que dicen que la aparición de las cosas no se debe a causa alguna. ¿Quién ha hecho a la espina puntiaguda, o los colores iridiscentes de la cola del pavo real? ¿Quién ha visto al creador de todo ello? Y respecto a las prácticas de la no-violencia o la entrega, ¿hay alguien que haya comprobado los resultados de dichas acciones? ¿Es que no hay miserables que son ricos, y criminales que viven largas vidas? Por ello, los lógicos dicen y afirman, mediante esos ejemplos, que no es correcto suponer relación alguna entre causa y efecto.

En el pasado, algunos maestros (fuera del *Buddhadharma*)

afirmaron que a través del poder de sus poderes intuitivos (*abhijña*) podían ver que un hombre miserable en su nacimiento anterior había renacido en una familia próspera.[13] Basándose en su visión sostenían que la teoría del renacimiento era correcta, pero que no era correcto establecer una relación causa-efecto entre las vidas pasadas y la presente.

Otros que practicaron meditación, tras haber alcanzado las esferas más elevadas de la forma y la carencia de forma (*rupavacara, arupavacara*), supusieron que habían logrado la libertad del nirvana. Aunque se autoconvencieron de que estaban liberados tras desaparecer el poder de esas absorciones (*dhyana*), se encontraron, a pesar de ello, sujetos al renacimiento. Teniendo en cuenta su experiencia, rechazaron las enseñanzas que hablaban de una libertad permanente, declarando que tal libertad no existía.[14]

Tras haber repasado las diversas visiones erróneas acerca de las enseñanzas del renacimiento, deberíamos aclarar que existen argumentos muy sólidos en favor de él, gracias a los cuales su existencia puede admitirse casi sin ser cuestionada. Debemos considerar este tema de la siguiente manera: cualquier conocimiento que surge en la mente lo hace dependiendo de la sucesión de estados mentales previos (en la misma serie, en el continuo de "mentes" que constituyen una mente). Basándonos en el conocimiento ordinario cotidiano, vemos que un hombre de cualquier edad, tanto si es un niño, muchacho u hombre mayor, recuerda sucesos pasados que han tenido lugar en su vida presente. Sus experiencias presentes están, de hecho, sustentadas en el conocimiento que recopiló con anterioridad. En efecto, la vida es una corriente de dicho tipo de conocimiento, y una experiencia anterior resulta en conocimiento posterior. Podemos darnos cuenta claramente que ningún saber o conocimiento surge sin una causa previa y que no existe causa para la aparición y captación de conocimiento que sea externo (a la propia continuidad, ya que sólo el propio continuo mental puede almacenar el conocimiento obtenido a partir de la propia experiencia. La propia mente se convierte así en la base de futuras comprensiones).

El ojo de la sabiduría

El conocimiento no surge de fuentes materiales ya que son de una naturaleza diferente a la de la mente. Por el contrario, tras surgir de causas de naturaleza no material, el conocimiento se nos aparece como poseedor de esa misma naturaleza no material, y eso es lo que llamamos la vida presente. Todo estado mental surge dependiendo de otro estado mental.[15]

La vida no es sólo una colección de causas y sustancias materiales sino una serie de acontecimientos mentales, y esa mentalidad surge de mentes previas de una naturaleza similar. Por esta razón, ni la vida presente lo es sin causa, ni tampoco tiene una causa eterna, ni está causada por la meta materialidad.[16] Cuando se dice que la vida es un río de estados mentales (*citta*) de la misma naturaleza, significa que el estado mental presente se parece y depende de estados mentales pasados de la misma naturaleza. Eso es lo que significa la filosofía de "tal palo tal astilla".

La mente es luminosa, radiante[17] y es conocimiento en sí misma. Por esta razón, la causa del conocimiento no es de naturaleza distinta. Si así fuese, con el desarrollo y decadencia del cuerpo, la mente estaría sujeta necesariamente al mismo proceso. Además, la mente puede aparecer en un cadáver (pues según el punto de vista materialista, la mente no es sino una función de los elementos). Resulta correcto afirmar que existe una relación entre mente y cuerpo, pero sabiendo que eso no debe hacernos pensar que la mente nace del cuerpo. También es correcto decir que el desarrollo y el declive de la mente dependen hasta cierto punto del cuerpo físico, pero aun así el cuerpo no puede denominarse la base material de la mente. El cuerpo es únicamente la causa cooperante de la mente, un objeto material nunca puede ser una causa de la mente. La materialidad (*rupa*) está desprovista de mente o *citta*, que es mentalidad (*nama*). Lo que no es mente no puede devenir en mente, ni la mente devenir en no-mente, porque la naturaleza de la mente y la de la no-mente son distintas. Hay quienes (ajenos al budismo) insisten en que dicho cambio es posible y citan ejemplos de los cambios sucedidos en las cosas materiales.[18] También dicen que la forma puede convertirse en incorpórea, o a la inversa, que *arupa* puede devenir en *rupa*. Los estados mentales carentes de forma (*arupa*) se comparan al espacio, pero como todo el mundo sabe, el no-espacio no puede convertirse en espacio, ni éste en no-espacio.

La causa material del cuerpo que consiste en el esperma del hombre y el óvulo de la mujer, no puede ser la causa (material) de la mente del niño, sólo de su cuerpo. También sabemos que el saber poseído por el padre no puede transmigrar al hijo, por lo que resulta fácil comprender que al igual que los elementos materiales de los padres no pueden ser la causa de la mente del hijo, tampoco pueden serlo las mentes del padre y la madre. Si fuese posible que el conocimiento de los padres se transmitiese a los hijos, entonces un niño idiota no podría nacer de padres inteligentes. Pero la verdad acerca de la cuestión es que la mente de la vida pasada es la causa de la mente presente. No hay duda, desde luego, de que el cuerpo deriva de la unión del esperma y el óvulo.

Llegados a este punto surge una cuestión. Si la relación entre mente y cuerpo no es una causa material ni de lo que derive de ninguna causa material, ¿entonces qué es dicha relación? La respuesta radica en el *karma*, o el poder de la intencionalidad de las acciones, que es el que realiza esta conexión. Vemos que los recién nacidos o los terneros saben cómo mamar y más tarde son capaces de alimentarse y mostrar tendencias de codicia o ira, y no obstante, ¿dónde adquirieron esos conocimientos y tendencias? El conocimiento innato sólo puede justificarse como los frutos kármicos de una vida anterior, pues es lo que ha establecido la conexión entre cuerpo y mente en la presente.

No es correcto pensar que no existan vidas pasadas ni futuras sólo porque no sean visibles. La no percepción de algo no demuestra su inexistencia. Eso queda perfectamente ilustrado en la época presente, cuando, con la ayuda de instrumentos modernos, se conocen muchas cosas que pueden verse y que eran desconocidas para nuestros antepasados. Ahora bien, la existencia de vidas pasadas ha sido confirmada por quienes practican el recogimiento (*samadhi*).[19] Tras introducirse en elevados niveles de

El ojo de la sabiduría

concentración mental, en un estado en que la mente es muy sutil y capaz de percibir objetos de la misma naturaleza, han observado sus nacimientos anteriores. Algunos meditadores muy experimentados incluso han recordado, con mucho detalle, numerosas vidas anteriores. Aunque no tengamos en cuenta la evidencia proporcionada por esos maestros de la meditación profunda, en la actualidad se han descubierto muchos incidentes que ilustran el renacimiento en numerosos países del mundo. De vez en cuando, hay niños pequeños que hablan sobre su trabajo en una vida anterior y que pueden dar los nombres de la familia a la que pertenecieron. A veces es posible comprobar dichos casos y, por tanto, demostrar que los hechos recordados por los niños no son tonterías sino hechos ciertos.

Para mostrar un ejemplo de ello, podemos tomar el relato de un erudito budista de la India que demostró el hecho del renacimiento a un oponente convencido de la verdad de las doctrinas *lokayata* (materialismo). En el debate con su oponente, que tuvo lugar en presencia del rey, el erudito budista demostró de forma práctica que el renacimiento era una doctrina veraz. Allí mismo, en presencia del rey, ofreció su vida voluntariamente, pidiendo al monarca que fuese testigo de su muerte y de su promesa de renacer. Tras su muerte, el rival *lokayata* se hizo tan poderoso que nadie se atrevía a decir nada contra su enseñanza. El rey hizo pregonar una invitación para que cualquier budista pudiera demostrar la verdad del renacimiento. Nadie se presentó excepto un niño de cuatro o cinco años que, para sorpresa de su madre, afirmó que podía demostrar el renacimiento. Presentándose ante el rey, le recordó los sucesos que sicedieron con anterioridad y afirmó que había sido el erudito budista. Más tarde, este niño se hizo muy famoso como poeta budista, y las obras de Chadragomin, pues así se llamaba, son birn conocidas entre los estudiosos por su excelencia poética. También en el Tibet han existido muchas personas que han dado información detallada acerca de sus pertenencias personales y las gentes que conocieron en sus vidas anteriores.

Renacimiento

Como el *karma* acumulado por nosotros en el presente nos llevará a la experiencia de vidas futuras, debemos prepararnos para ello desde ahora. ¿Cómo podemos hacerlo? Aspirando a una mente libre de impurezas mentales (*klesa*) a la vez que se adquieren virtudes. Eso puede conseguirse sólo mediante la correcta comprensión (de lo que constituyen impurezas mentales, por una parte, y de lo que es una conducta adecuada o mérito, por otra). Por este motivo debemos dirigir el curso tomado por la corriente de la mente, y ello implica correcta comprensión. Sólo es posible secar la corriente de agua que es la mente fluyendo a través del nacimiento y la muerte practicando de la manera correcta, y eso puede costar muchas vidas. O bien se puede detener el torrente de la corriente en esta misma vida aplicándose a la práctica de la pericia en el método.[20]

Para acabar con el proceso de divagación de la mente es necesario aplicar los tres puntos siguientes:

La verdad dual, que debe ser analizada y comprendida por completo.

El sendero dual de la *sabiduría* y *la pericia en el método* debe adoptarse como el camino propio de práctica.

Basándose en ello se podrá conocer el secreto de alcanzar el *triple cuerpo*, que constituye el objetivo final.

Estos tres importantes puntos necesitan ser explicados en orden.

LOS DOS NIVELES DE VERDAD

(Paramartha-satya; samvriti-satya)

Todos los objetos conocidos (a través de los cinco sentidos más la mente, el sexto) se dividen en dos categorías: los que son relativamente ciertos (*samvriti-satya*) y los que lo son de manera absoluta (*paramartha-satya*). Las cosas que son totalmente falsas, en realidad, ni existen, ni son objetos de conocimiento. Ésta es la razón por la que los objetos de conocimiento, sea como fuere que se perciban, son designados por el término "verdaderos" (*satya*, literalmente "ser"). Se distinguen dos niveles o aspectos de verdad porque son bastante distintos entre sí. Cualquier objeto perceptible que sea verdad desde el punto de vista del absoluto será percibido de manera diferente desde la perspectiva relativa. La verdad relativa o convencional de un objeto es su supuesta existencia, mientras que esa misma existencia desde el punto de vista absoluto no puede ajustarse a su verdad convencional. Por lo tanto, se dice que ambos niveles de verdad son mutuamente exclusivos. Aunque puede que no parezca adecuado calificar ambos puntos de vista de "verdaderos", a fin de incluir todos los objetos perceptibles se llaman "verdaderos", sin importar a qué nivel sean percibidos. De hecho, la verdad es una,[21] y ésa es la verdad absoluta. Si ésta no existiese, entonces la verdad relativa no tendría sentido. Aparte de estos dos niveles de verdad, no existe un tercero que pueda estar entre ambos.

Los dos niveles de verdad

Para comprender el secreto de estos dos niveles de verdad, debemos concentrarnos en las características de ambos, y entonces nos daremos cuenta de que son inseparables. Aunque se ha señalado que ambos son contrarios, eso no entra en conflicto con la afirmación de que la naturaleza de los dos es básicamente la misma. Si de hecho *no son de la misma naturaleza y se sostiene que sus naturalezas son distintas*, es posible descubrir muchas falacias, aunque aquí nos centraremos en cuatro de ellas:

1. Si fuesen de naturalezas distintas, se podría afirmar que un objeto es realmente sustancial (pues absolutamente se contempla la insustancialidad). Eso significaría que la naturaleza esencial de un objeto no tiene nada que ver con sus atributos (surgiendo de su supuesta esencia). En este caso, nunca nadie sabría que la existencia de los objetos, o de su supuesta esencia, es en realidad insustancial, pues el vacío, el no-sí mismo, e incluso el conocimiento que les revelase, eso debería ser un secreto.

2. Cuando se argumenta en favor de las naturalezas diferentes de los dos niveles de verdad, y aunque la gente sepa que los objetos son insustanciales, nunca se puede penetrar la naturaleza real de la verdad relativa (y con ello destruir la falsa ilusión), ya que eso parece convertir la verdad relativa en absoluta.

3. De ello se desprende que es inútil que los meditadores practiquen el sendero de las absorciones (*dhyana*) y otros, con la idea de realizar "la carencia de naturaleza propia" (*nihsvabhavata*), porque si la verdad absoluta es independiente de la relativa, entonces la realización del meditador se verá impedida por el objeto de meditación (que es relativo) y por su apego a él. El resultado de todo ello sería que el conocimiento que carece de impedimentos, desapegado y carente de propósito no surgiría en él, y por tanto, sería muy difícil obtener la perfección o incluso el conocimiento del camino.

4. En cuyo caso podría entonces decirse que la comprensión del Buda no estaba libre de apego a los objetos y su naturaleza propia (*svabhava*), de manera que las impurezas sutiles relacionadas con ello no habían sido desarraigadas en él.

El ojo de la sabiduría

Por otra parte, *si las dos verdades no difieren*, podrían discernirse cuatro falacias más:

1. Al dejar de distinguir lo ilusorio, la verdad relativa que implica al *karma* (intencionalidad en la acción) y las impurezas mentales, también dejaríamos de distinguir la verdad absoluta (o nirvana).

2. Si este planteamiento fuese cierto y como los *dharmas* (sucesos) relativos son variados, algunos incluso imperceptibles, entonces los *dharmas* absolutos también deberían ser muchos e imperceptibles, cuando resulta que es un hecho que la verdad absoluta es una y no imposible de percibir (ya que la han percibido tanto el Buda como los *arhats* que han experimentado el nirvana).

3. También se comete otra falacia en esta asunción por parte del hombre común (*prithgjana*) que, aunque se ve arrollado por la ignorancia (*avidya*), cree que ha excluido las impurezas mentales (*klesa*) y ha realizado la budeidad. Si así fuese, no sería posible la realización como noble persona (*aryapudgala*), ni como aquel que entrado en la corriente hasta llegar al *arhat*.

4. El fallo más importante radicaría en que como los *dharmas* son relativamente verdaderos y, por tanto, llenos de deficiencias, también ocurriría lo mismo con la verdad absoluta[22] (pero el nirvana es perfección).

Las contradicciones aparentes entre estos dos niveles de verdad deben resolverse explicando que aunque por naturaleza (*svabhava*) no son diferentes sí que lo son a efectos prácticos.

La verdad absoluta es lo que es realizado mediante un profundo razonamiento y contemplación del absoluto o verdadera naturaleza de los *dharmas*, mientras que los *dharmas* a los que se les da un nombre y son reconocidos por la mente como tales, son llamados verdad relativa. A fin de comprenderlo con más claridad, lo más conveniente es recabar la ayuda de la etimología y examinar los términos. En el primero de ellos, "parama" significa "excelente, mejor, supremo, más elevado", mientras que la palabra "artha" aquí significa "lo que es capaz" (saber a través de la sabiduría más elevada). También puede significar "lo que puede examinarse mediante la sabiduría más elevada". Un *dharma* así

Los dos niveles de verdad

conocido se denomina "paramartha" porque es el más excelso, supremo, de entre todos los *dharmas* conocidos. Literalmente, la palabra "satya" significa "las cosas tal cual son", y si pensamos en ello, *eso* no puede ser de otra manera y, por tanto, debe ser permanente y por ello se denomina verdad absoluta.

Samvriti-satya significa la visión que capta lo verdadero de la naturaleza auténtica de los *dharmas*.[23] Se llama *samvriti* o naturaleza real porque lo que se percibe desde el ángulo de esta verdad es relativamente verdadero; o bien su significado puede tomarse como "erróneo, falso" porque la manera en que aparece un objeto a la luz de esta verdad está realmente distorsionado, sin existir unidad entre la percepción relativa del objeto y su naturaleza esencial. Aunque en definitiva esta "verdad" es falsa, no obstante, las apariencias creadas en una mente gobernada por la verdad relativa son verdaderas hasta ese grado, y por eso decimos que es "satya".

Para comprender mejor la verdad absoluta, podemos analizarla de la manera siguiente:

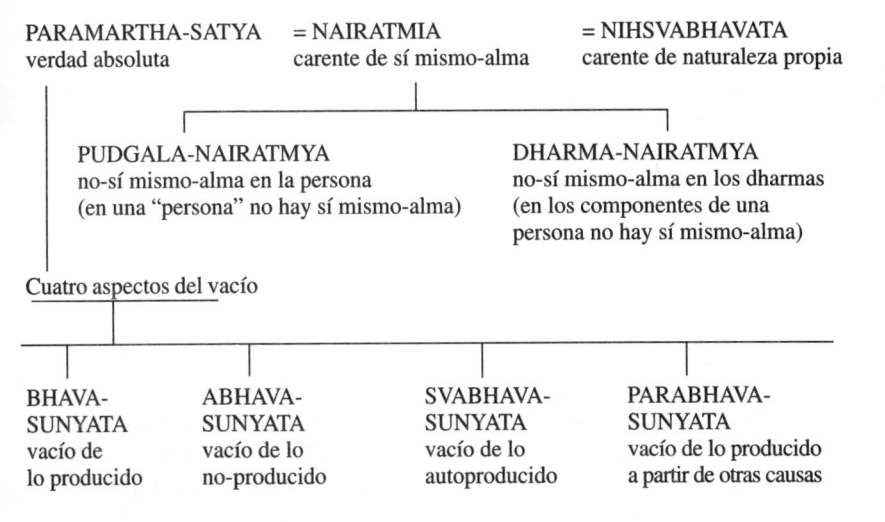

PARAMARTHA-SATYA = NAIRATMIA = NIHSVABHAVATA
verdad absoluta   carente de sí mismo-alma   carente de naturaleza propia

  PUDGALA-NAIRATMYA
  no-sí mismo-alma en la persona
  (en una "persona" no hay sí mismo-alma)

  DHARMA-NAIRATMYA
  no-sí mismo-alma en los dharmas
  (en los componentes de una persona no hay sí mismo-alma)

Cuatro aspectos del vacío

BHAVA-SUNYATA	ABHAVA-SUNYATA	SVABHAVA-SUNYATA	PARABHAVA-SUNYATA
vacío de lo producido	vacío de lo no-producido	vacío de lo autoproducido	vacío de lo producido a partir de otras causas

El ojo de la sabiduría

Estas clasificaciones pueden elaborarse más, dando paso a los dieciséis, dieciocho o veinte aspectos del vacío, pero los cuatro aspectos tratados bastan para nuestro propósito actual.[24] Se trata de una clasificación preliminar acerca de lo que significa la verdad absoluta; en la sección «Instrucción en suprema sabiduría» hallaremos un repaso más completo de lo que significa "sin sí mismo ni alma" (*anatmata*).

LOS AGREGADOS, ENTRADAS Y ELEMENTOS

(skandha, ayatana, dhatu)

Todos los *dharmas*, excepto el vacío, están incluidos en la verdad relativa, que de esta manera abarca las clasificaciones conocidas como los cinco agregados (*skandha*), las doce entradas (*ayatana*) y los dieciocho elementos (*dhatu*). *Skandha* significa agregado, grupo, colección o cúmulo; los cinco agregados son interdependientes y nacen o surgen juntos. Los *ayatana* o entradas son las fuentes de las que surgen la mente y los sucesos mentales (*citta, caittadharma*). Los *dhatu* son el origen (*akara*) y todos los objetos del mundo pueden situarse en esas dieciocho clases.

Los cinco agregados

1. El agregado de la forma (*rupa-skandha*) tiene once ramificaciones, comprendiendo las cinco bases sensoriales subjetivas más los cinco objetos externos:

Vista	Oído	Olfato	Gusto	Tacto
↕	↕	↕	↕	↕
visibles	audibles	olfativas	gustativas	táctiles

El ojo de la sabiduría

El undécimo constituyente es la forma que no puede percibirse (*avijñapti-rupa*).[25]

2. El agregado sensitivo (*vedana-skandha*) consiste en tres tipos de sensaciones: agradables, desagradables, y las que no son ni de un tipo ni del otro.

3. *Samjña-skandha*, o el agregado de la percepción (incluyendo la memoria), cuenta con dos divisiones: *svavicara* y *avicara*, recuerdo de percepción o ausencia de dicho recuerdo; ambas están a su vez subdivididas en: limitada, extensa e infinita.

4. *Samskara-skandha*, o el agregado de las formaciones volitivas, contiene los coeficientes mentales asociados con la conciencia (*samprayukta caitta-dharma*), y el resto de los disociados de la conciencia (*viprayukta caitta-dharma*).[26]

5. El último de los cinco agregados es el de la conciencia (*vijñana-skandha*), en el que hallamos seis tipos de conciencia, cada una relacionada con uno de los seis sentidos básicos. El conocimiento general de los objetos proviene de esos seis tipos de conciencia.

Las doce entradas

	DIEZ ENTRADAS MATERIALES					DOS ENTRADAS MENTALES
Subjetivas	entrada visual	entrada auditiva	entrada olfativa	entrada gustativa	entrada corporal	entrada mental
Objetivas	entrada de la forma	entrada del sonido	entrada del olfato	entrada del gusto	entrada del tacto	entrada de sucesos mentales

Aunque el sentido basado en la vista (*caksendriya*) y la entrada visual tienen aquí la misma connotación, como agregado de la forma (*rupa*), existe una diferencia entre la forma y la entrada de la forma, pues la primera incluye las once categorías de la forma, mientras que en el segundo caso esa forma es únicamente objeto de la entrada visual en términos de colores y formas.

También ocurre lo mismo con el sentido basado en el oído (*srotendriya*) y la entrada auditiva, de manera que lo dicho anteriormente también puede aplicarse en este caso.

Como puede verse en la tabla anterior, las entradas están divididas, para poder ser analizadas, en subjetivas y objetivas, así como en materiales y mentales. *Citta* (mente, corazón), manas (mente, pensamiento) y *vijñana* (conciencia) tienen la misma connotación, por cuya razón todos los estados mentales como, por ejemplo, la conciencia visual, están incluidos en las entradas mentales. El espacio (*akasa, sunyata*) y todo el resto de *dharmas* incondicionados se hallan en la entrada de sucesos mentales.

Los dieciocho elementos

elementos dominantes	elemento visual	elemento auditivo	elemento olfativol	elemento gustativo	elemento corporal	elemento mental
elementos objeto	elemento de la forma	elemento sonoro	elemento olfativo	elemento gustativo	elemento táctil	elemento mental
elementos de la conciencia	conciencia ocular	conciencia auditiva	conciencia olfativa	conciencia gustativa	conciencia corporal	conciencia mental

La tabla anterior muestra los dieciocho elementos distribuidos entre las tres categorías de elementos dominantes, objeto de, y conciencia de. Los dominantes (*indriya*), es decir, las diversas facultades sensoriales, que son las fuentes de las respectivas conciencias, se denominan elementos dominantes (*indriya-dhatu*); los seis tipos de conciencia que surgen dependientemente de los respectivos seis elementos dominantes se denominan elementos de conciencia (*vijñana-dhatu*), mientras que los seis objetos de

El ojo de la sabiduría

forma, sonido y demás, que son los objetos de esas seis conciencias, se llaman los seis elementos objetos (*visaya-dhatu*).

En pocas palabras, todos los *dharmas* condicionados están incluidos en los cinco agregados. Las doce entradas incluyen tanto los *dharmas* condicionados como los incondicionados. También los *dharmas* cognoscibles están incluidos en la clasificación de los dieciocho elementos. Todos los objetos de conocimiento de los que hablamos en la sección de los dos niveles de verdad, están incluidos en las doce entradas y entre los dieciocho elementos. Cuando se analizan en detalle esos dieciocho elementos, se pueden discernir sesenta y dos componentes, y para obtener una correcta comprensión de ellos es indispensable conocer su naturaleza, función, categoría y demás, a la vez que se aprende a saber cuál de entre ellos debe abandonarse, y cuál puede desarrollarse. Como temo que este libro pudiera alargarse demasiado, esta información no aparece aquí incluida, los lectores pueden consultar tratados más especializados.

Es deber de todo buen budista obtener una comprensión correcta de dichos agregados, entradas y elementos, de manera que a partir de su propia experiencia pueda discriminar con rapidez, y decirse con precisión: «éste es tal o cual agregado o entrada», al manifestarse. Este conocimiento analítico (para ser utilizado en la vida cotidiana como accesorio de la visión profunda o *vipasyana* [pali: *vipassana* - meditación]) junto con la comprensión del abandono y el desarrollo, ayudan a alcanzar la paz suprema (nirvana).

En contra de sus deseos, todos los seres humanos vagan en el ciclo de la experiencia insatisfactoria, o *duhkha*, también llamado la Rueda de la Vida y la Muerte, donde les llega el sufrimiento de formas muy variadas. Las causas de este ciclo perenne de *duhkha* son básicamente las impurezas o mancillamientos de la mente (*klesa*), como codicia, aversión e ignorancia. Todas ellas están muy enraizadas en la mente humana, y hasta, o a menos, que *se las aniquile por completo, no es posible secar la corriente de* duhkha. Para alcanzar la emancipación respecto de *duhkha*

Los agregados, entradas y elementos

y para lograr esa liberación que es gran paz y sublime felicidad, sólo existe un único medio, que es destruir las impurezas de codicia, aversión e ignorancia que están engastadas en nuestras mentes. En las secciones siguientes de este libro se esquematizará cómo conseguirlo.

LAS TRES COLECCIONES DE LA PALABRA DEL BUDA

(Tripitaka)

El Buda enseñó las 84.000 secciones del Dharma (en las que puede dividirse toda la enseñanza) con el propósito de instruir a las personas acerca de los medios con los que destruir las impurezas mentales y así poder experimentar la paz suprema. Esas impurezas sólo pueden desaparecer mediante la práctica de los métodos del Dharma enseñados en esas 84.000 secciones. La enseñanza dodécuple del *Dharma*[27] es una breve clasificación de la enseñanza, aunque si se adopta una división todavía más breve, entonces se dice que todas las enseñanzas del Buda están contenidas en tres colecciones (literalmente "canastas").

Son: la Colección de Disciplina *(Vinaya-pitaka)*, de Discursos *(Sutra-pitaka)*, y la de filosofía psicoética y pragmática llamada *Abhidharma-pitaka*. Los compiladores de estas tres colecciones (que fueron los grandes *bhiksus* del primer y segundo concilios) organizaron la gran masa de enseñanzas del Buda en estas tres categorías por diversas razones. Nueve de las más importantes han sido seleccionadas para ilustrar la explicación. De estas nueve, tres explican respectivamente los *Sutras*, el *Vinaya* y el *Abhidharma* desde el punto de vista de *los dharmas a destruir.* Otras tres se ocupan de *los dharmas que deben desarrollarse*, o

Las tres colecciones de la palabra del Buda

las tres colecciones desde el punto de vista de la instrucción, mientras que las últimas son los *Sutras*, el *Vinaya* y el *Abhidharma* vistos desde el ángulo de *los dharmas que deben conocerse*. Tenemos, pues, una secuencia de destrucción (de lo inútil), desarrollo (de la pericia en el método) y de conocimiento o realización (de la verdad) que debe ser el orden seguido por todo aquel que quiera practicar el Dharma.

Tres razones desde el punto de vista de la destrucción

En correspondencia con las tres colecciones existen tres impurezas mentales que muestran las funciones respectivas de esas colecciones. Esas tres impurezas obstruyen el camino hacia la libertad, por lo que aquellos que deseen experimentar la libertad, deberán destruirlas.

La primera de dichas impurezas es el *escepticismo* (*vicikitsa*) que crea dudas en las mentes de los seres humanos respecto a la verdad de las Cuatro Nobles Verdades y el originamiento dependiente.[28] Al reflexionar sobre la Colección de Discursos puede uno liberarse del escepticismo, ya que el contenido de esta colección puede verificarse y, por tanto, acabar con esta impureza. ¿Por qué? En la Colección de Discursos, las características individuales y generales[29] de los agregados, entradas y elementos, de la originación dependiente, de las Cuatro Nobles Verdades, los diez niveles, las diez perfectas cualidades y muchos otros puntos aparecen claramente demostrados, a la vez que se clarifica la suprema formación en recogimiento. Mediante esas dos características puede uno liberarse del escepticismo, siempre que se alcance un conocimiento seguro. No obstante, la naturaleza del escepticismo no permite que eso suceda y mantiene la vacilación en la mente, que recorre todo tipo de extremos y opuestos. Por eso se dice que el *Sutra-pitaka* fue enseñado para contrarrestar esta impureza del escepticismo.[30]

Deben evitarse los extremos, como la indulgencia en los pla-

El ojo de la sabiduría

ceres de los sentidos, por una parte, o torturar el cuerpo a causa de votos de ascetismo con la idea de purificar la mente, por otra. Y para superarlos, el Buda enseñó el Camino Medio de práctica.[31] La segunda de las impurezas obstructoras causa *apego a las acciones extremas* (*antadvayanuyojaka*). Reflexionando en el *Vinaya-pitaka* se puede destruir esta impureza, y por ello se dice que la disciplina por la que aboga se opone al apego a las acciones extremas. ¿Cómo es posible? El detallado análisis de conducta que contiene la Colección de Disciplina demuestra las imperfecciones de la indulgencia en los placeres sensuales, como los alimentos sabrosos, las camas cómodas y blandas, las relaciones sexuales,[32] y otros, y por este motivo alienta a las personas a ponerles coto. Los dos extremos mencionados anteriormente se denominan "ahogarse en los placeres sensuales" (*kamesu-kamasukhallikanuyoga*), y su opuesto, la práctica de la tortura corporal para autopurificarse (*atmaklamathanuyoga*), es, por tanto, evidente que la abstinencia (*samvara*), como se enseña en el *Vinaya-pitaka*, se opone a esta impureza.

Aunque el contenido de la Colección de Disciplina se ha enfatizado con respecto a la indulgencia en los placeres de los sentidos, a aquellos que poseen una virtuosidad pura y no apego y que además, sin esfuerzo obtienen tanto respeto como objetos para su comodidad (debido a sus méritos), y son capaces de poner coto a su apego por dichas cosas, el Buda les ha permitido aceptar buenas comidas y todo lo demás. Como no aprobó una estricta e indiscriminada austeridad para todos, esta parte de su enseñanza contenida en el *Vinaya-pitaka* se opone al extremo de la autotortura. Esta cuestión podría resumirse así: una persona con muchas posesiones y que las utiliza sin estar apegado, permaneciendo incólume ante las pasiones, es de un carácter puro y está preparado para poseer fama y fortuna, etcétera; mientras que un *bhiksu* que usa sólo tres hábitos cosidos a partir de retales recogidos entre basuras (*pamsakulacivara*) y que, no obstante, siente apego por ellos, es de carácter impuro y el Buda no le permite concesiones ulteriores. En la práctica del *Vinaya*, las conce-

Las tres colecciones de la palabra del Buda

siones y prohibiciones dependen de la disminución o el aumento, respectivamente, de las impurezas mentales y no de los meros requisitos (o posesiones). Por ello, el *Vinaya-pitaka* se enseñó para contrarrestar la impureza que provoca el apego a las acciones extremas.

A continuación consideraremos la tercera impureza mental, que es la opinión dogmática que declara: «Mi propia opinión es la verdad y las de los demás son erróneas». Uno puede apegarse tanto a una opinión, de tal manera que no se querrá desprender de ella nunca. Eso se denomina "idam-satyabhinivesa",[33] o literalmente, *"creencia dogmática de que algo es verdad"*, y es la tercera impureza que hay que abandonar. ¿Cómo puede conseguirse? Reflexionando sobre el *Abhidharma-pitaka*, que se dice que se opone a esos puntos de vista dogmáticos.

Estudiar el *Abhidharma* escuchando, leyendo y reflexionando tiene como resultado la clara comprensión de las características individuales y generales[34] de las tres marcas de la existencia: impermanencia, insatisfacción y carencia de yo-alma. Como los seres humanos carecen de visión profunda respecto a estas tres marcas, caen en la trampa de los puntos de vista erróneos y así, de manera perversa, confunden la insatisfacción con la felicidad, perciben lo impermanente como permanente y ven una entidad yo-alma en lo que carece de tales cosas, y finalmente, perciben lo horrendo como hermoso. Al aferrarse a esas creencias pervertidas pueden llegar a considerar como conducta moral aquello que es inmoral, y una práctica incompetente como competente. El *Abhidharma* muestra claramente las características de los *dharmas* y sus efectos y, por ello, ayuda a establecer una correcta comprensión que en sí misma se opone a todas las creencias erróneas que nos extravían, entre ellas las opiniones dogmáticas del tipo: «Esto es cierto y todo lo demás es falso». Se dice que el *Abhidharma* fue enseñado con el propósito de destruir creencias erróneas de esa clase a la vez que respalda la supremacía de la práctica del camino del Buda.

El ojo de la sabiduría

Tres razones desde el punto de vista de la instrucción

Toda la instrucción del Buda puede resumirse bajo el encabezamiento de la triple instrucción: virtud (*sila*), recogimiento (*samadhi*) y sabiduría (*prajña*), que aparece en la sección siguiente.

En cuanto a las tres colecciones de la palabra del Buda, en primer lugar, en los *Sutras* o discursos aparece descrita la instrucción en cada uno de los tres aspectos. Desde el punto de vista Sravakayana,[35] la virtud consiste en los preceptos *pratimoksa* (véase más adelante), evitando apartarse del terreno de la conducta correcta y cometer cualquier falta que mancille la pureza. Morar en los logros de la absorción (*dhyana*) y en las esferas carentes de forma (*arupa-samapatti*) constituye la instrucción en recogimiento, mientras que la visión profunda (*vipasyana*) de las Cuatro Nobles Verdades es la instrucción en sabiduría.

Desde el punto de vista Mahayana, la instrucción en virtud es la extinción de toda conducta errónea,[36] mientras que la de recogimiento se considera como la realización de dos tipos de práctica conocidas como *gaganagañja* y *surangama*.[37] La instrucción en sabiduría es, pues, la experiencia del conocimiento no discriminador (*nirvikalpajñana*) respecto a los *dharmas*, que es conocimiento basado en la verdad absoluta. De esta manera, tanto en las Colecciones de Discursos Sravakayana como Mahayana se enseña la triple instrucción.

Respecto al *Vinaya-pitaka*, o Colección de Disciplina, se dice que enseña tanto virtud como recogimiento. Como la disciplina informa acerca de lo que hay que evitar y aceptar, la virtud propia se purifica. Gracias a esta purificación es imposible que la perturbación y el remordimiento surjan en la mente. Cuando la mente no está perturbada el cuerpo es más ligero y flexible. Con la mente tranquila tanto el cuerpo como la mente se ven insuflados de gozo y felicidad. Cuando se tiene esta experiencia, el meditador establece una gran concentración y, por lo tanto, puede entrar en un estado de recogimiento (*samadhi*).[38] De esta manera es como el *Vinaya* imparte la instrucción tanto en virtud como en recogimiento.

Las tres colecciones de la palabra del Buda

La tercera colección es la del *Abhidharma*, en la que sólo se enseña sabiduría. En esta colección se lleva a cabo un análisis completo a fin de determinar la naturaleza de todos los *dharmas*. Al escuchar, leer y reflexionar sobre ello surge la sabiduría, liberada de la falsa ilusión y que penetra en la naturaleza de los *dharmas*. Así es como el *Abhidharma-pitaka* imparte instrucción en sabiduría.

Tres razones desde el punto de vista del conocimiento

La Colección de Discursos contiene tanto el significado literal (*vyañjana*) del Dharma como el significado explicado o ampliado e implícito (artha). Aquí, el Dharma literal significa las letras, palabras y términos utilizados en la enseñanza, como "agregados", "entradas" o "elementos", mientras que la información que se deriva de su uso es el significado ampliado o esencial. Existe otra manera de exponerlo, pues se dice que los agregados, entradas y elementos son el Dharma literal, mientras que el método cuádruple de transmitir significado y las cuádruples relaciones son el significado explicado o esencial. También podríamos decir que este Dharma literal significa el camino de las diez acciones beneficiosas (véase la siguiente sección, sobre la virtud) que conducen a experimentar estados celestiales, mientras que el sendero de la práctica consiste en las treinta y siete alas de la iluminación que llevan al nirvana que es el significado esencial. De esta manera, la Colección de Discursos ofrece los significados correctos tanto literales como ampliados.

A continuación está el *Vinaya*, que muestra los *dharmas* a desarrollar y los que hay que destruir, para que quien practique puede asentarse en la pura virtud (el sentido literal), a la vez que alienta la práctica de meditar en lo impuro (*asubha-bhavana*), para así destruir las impurezas mentales (el significado esencial). Por ello, cuando una persona es poseedora de pura virtud, sus impurezas mentales pueden ser destruidas, de manera que estos dos

El ojo de la sabiduría

aspectos de la enseñanza, *vyañjana* y *artha*, afloren en su continuidad. Así, el *Vinaya* confirma ambos aspectos del Dharma a quien lo practica.

El estudio del *Abhidharma* ofrece a los seres humanos la capacidad para expresar en palabras los significados literal y ampliado del Dharma en beneficio de los demás.

Las categorías descritas anteriormente muestran las razones respectivas de por qué se enseñaron las colecciones de *Sutra, Vinaya* y *Abhidharma*, y cómo concuerdan con diversos niveles de destrucción, instrucción y conocimiento, ilustrando la síntesis de la pericia en el método y la sabiduría que pueden apreciarse en toda la enseñanza budista y en los tres vehículos, el de los discípulos, el de los budas silenciosos y el gran vehículo.[39]

LA TRIPLE INSTRUCCIÓN

(Trisiksa)

Toda la enseñanza del Buda puede resumirse bajo el encabezamiento de *adhisila*, *adhisamadhi* y *adhiprajña*, ya que todos los temas discutidos en las tres colecciones pertenecen a una u otra de esas categorías. "Adhi-", el prefijo que acompaña a los tres términos, significa "especial" o "suprema". Así pues, el término "adhisila" significa "especial" o "suprema virtud". Se denomina "especial" porque demuestra ser beneficiosa tanto para el que la observa como para otros, en la vida presente y en otras futuras. Los patrones de virtud sostenidos por otras creencias (no budistas) no pertenecen a esta categoría. Por ejemplo, las creencias ritualistas, como la práctica hinduista, sostienen que es virtuoso llevar a cabo la austeridad del "fuego quíntuple", que de hecho nunca es beneficiosa ni para uno mismo ni para otros, sino que más bien tiende a reportar dificultades a todos los implicados.[40] Como, por el contrario, de la instrucción en virtud suprema se beneficia tanto uno mismo como los demás, es con razón considerada como la suprema.

Por el mismo hecho es fácil comprender por qué se considera igual la instrucción en supremo recogimiento (*adhisamadhi-siksa*). Por ello, el recogimiento, como bien se puede comprobar mediante su práctica, se opone a las impurezas mentales y a la indulgencia en pensamientos perniciosos, dando lugar no sólo a la

El ojo de la sabiduría

felicidad en vidas futuras, sino también aquí y ahora. Pero eso no es todo. Con el tiempo y mediante la práctica del recogimiento enseñada en el *Buddhadharma*, se puede experimentar el gozo supraterrenal del nirvana. Por esta razón, el recogimiento enseñado por el Buda no puede etiquetarse de "ordinario", sino que se denomina "especial" o "supremo". El *samadhi* enseñado por escuelas ajenas sólo tiene el efecto de calmar la mente, evitando que sea desasosegada por los objetos sensoriales, y por ello conduce a la felicidad aquí y como mucho elevando a sus practicantes como dioses (*devas*) a los reinos celestiales de la forma y la carencia de forma (*ruparupabhumi*), que es una de las seis divisiones del ciclo de la existencia.[41] Como no destruyen las impurezas de la mente y sus fantasías malevolentes (pues sólo se desarrolla la calma [*samatha*], sin *vipasyana* o visión profunda), esos *samadhis* no budistas no pueden denominarse "supremos".

A fin de comprender por qué la sabiduría enseñada por el Buda es denominada suprema sabiduría, debemos conocer algo de su alcance. La creencia en un sí-mismo o alma y que exista una entidad permanente de ese tipo, se llama *atmadristi* (creencia en el sí-mismo y el alma). Ésta está dividida en los dos aspectos de creencia en la substancialidad de la persona (*pudgalatmadristi*) y la creencia en la substancialidad (alma) de los *dharmas* (*dharmatmadristi*). Además, podemos distinguir dos tipos de obstrucciones, denominadas la obstrucción de las impurezas mentales y la del conocimiento (*klesavarana, jñeyavarana*). La primera de ellas es la que sostiene la creencia en la substancialidad de la persona, mientras que la segunda ocasiona la creencia en la de los *dharmas*. A causa de esas creencias y obstrucciones erróneas, los seres se hallan atrapados tanto en las impurezas mentales como en la ignorancia (*avidya*). La sabiduría enseñada por el Buda es capaz de destruir para siempre esas impurezas y obstrucciones, ya que cuando se pone en práctica y se alcanza la realización, tanto las impurezas como las obstrucciones desaparecen dejando el conocimiento despejado (*niravarana*). El *prajña* o sabiduría de este tipo a duras penas puede denominarse "or-

La triple instrucción

dinario" y es por ello conocido como suprema sabiduría. Si examinamos la sabiduría impartida por escuelas ajenas, veremos que no es suprema, porque no conduce a ver las cosas tal cual son (*yathabhutajñanadarsana*) ni al conocimiento de la verdad absoluta. Por ste motivo, no existe medio alguno de deshacerse de las ataduras de la ignorancia, que son la causa-raíz del ciclo de la existencia (*samsara*).

I. La instrucción en suprema virtud
(adhisila-siksa)

Es la primera de las tres instrucciones, pues al igual que la Tierra es la base de todas las cosas del mundo, también la virtud es la base y raíz de todos los *dharmas* beneficiosos (*kusaladharma*). Todos los *dharmas* experimentados a través de la práctica del recogimiento y la sabiduría tienen su origen en la primera instrucción. Aunque la esencia de la instrucción en suprema virtud está contenida en los diez preceptos del abstenerse de lo pernicioso, asimismo pueden describirse otras muchas variedades, pero con estas tres bastará:

Preceptos pratimoksa
Preceptos de bodhisattva
Preceptos vajrayana

Los veremos más adelante. Todo los demás grupos de preceptos están, de hecho, incluidos en el ámbito de estas tres clases. Pero primero describiremos los preceptos-raíz o los diez que tratan del abstenerse de lo pernicioso. Cuando este tipo de precepto está bien asentado en el corazón de una persona, ésta puede protegerse incluso en el momento en que surge en ella una tendencia perniciosa.

El ojo de la sabiduría

Los preceptos del abstenerse de lo pernicioso
(dasa-akusala-prativirati-sila)

Los diez preceptos de esta sección están divididos en tres clases, dependiendo de si la acción que los quiebra es corporal, del habla o de la mente. Las acciones perniciosas cometidas con el cuerpo son tres, las del habla cuatro, y las tres restantes se llevan a cabo a través de la puerta de la mente.

Estas acciones perniciosas o *karma*,[42] como deberían denominarse, pueden o no enumerarse como senderos kármicos. En realidad, los *karmas* perniciosos que construyen los caminos que conducen a los estados de aflicción[43] son ciertamente senderos kármicos. Para que un *karma* pueda considerarse sendero kármico debe tener el potencial especial para arrastrar a la persona que lo comete, a reconectar o renacer como espíritu, animal o en el infierno. A fin de estar seguros de si un *karma* cuenta con dicho potencial, debemos examinar los factores implícitos en él, y si se hallan presentes, podemos estar seguros de que el *karma* es de hecho un sendero kármico. Cada una de las diez ofensas que aparecen a continuación cuenta con cinco factores para su ultimación,[44] mientras que el comedimiento respecto al cuerpo, el habla y la mente asegura que no se cometerán dichas ofensas.

1. ABSTENERSE DE DESTRUIR CUALQUIER VIDA
(pranatipata-virati)

I   El primer factor necesario para romper este precepto es un ser vivo que disponga de una vida diferente de la propia. Este ser que es destruido se denomina el *objeto* (*vastu*).

II Debe existir la *intención* (*samjña*) de matarlo sabiendo que está vivo.

III A continuación debe existir el *esfuerzo* (*prayoga*) por parte de uno para matar, o bien el incitar a otros a hacerlo, mediante veneno, armas, magia negra y demás.

IV Para llevar a cabo la muerte debe estar presente algún aspecto de *impureza mental* (*klesa*), como codicia, aversión o ig-

La triple instrucción

norancia. En este caso, la aversión (*dvesa*) suele ser la impureza dominante.
v El último factor es la *realización* (nispatti) de la muerte de un ser vivo antes de que el asesino muera.

Sólo cuando se hallan presentes estos cinco factores se considera el asesinato como un sendero kármico, ya que en otros casos puede tratarse de un accidente o tal vez de una conducta inconsciente, aunque no obstante, todo ello tiene consecuencias dolorosas.

La intensidad del mal cometido y el *karma* acumulado varían según la manera en que se lleve a cabo, el motivo y el tipo de ser al que se prive de vida. Básicamente, matar puede dimanar de motivos asentados en las tres raíces de la impericia: por ello, a veces matar surge del deseo de comer la carne de un animal, y cuando éste es el caso, se ejecuta bajo el dominio de la raíz de la codicia. En otras ocasiones, el motivo de matar es la cólera, la venganza y, por tanto, aquí domina la raíz de la aversión. Cuando se mata cometiendo acciones erróneas, como ofrecer sacrificios de animales, la raíz dominante es la ignorancia.[45] Entre los muchos seres que pueden ser destruidos, el matar a un maestro religioso, la propia madre, el propio padre, o un *arhat*, o cualquier persona, tanto si es un vagabundo como un cabeza de familia, como un sacerdote, tiene las peores consecuencias.

2. Abstenerse de tomar lo que no ha sido dado
(adattadana-virati)
I   El objeto es la riqueza o propiedad que pertenece a otros, o aquello que es ofrendado a los Tres Tesoros.
II La intención es poseer esa riqueza o propiedad por medio del robo con violencia, sustracción sigilosa, o mediante cualquier medio fraudulento o engaño.
III El esfuerzo realizado lo es por uno mismo, o bien contratando o incitando a otros a apoderarse de lo que no ha sido dado.
IV Pueden estar presentes las tres raíces impuras, pero la codicia es la dominante.

El ojo de la sabiduría

v La realización consiste en la satisfacción en la mente del ladrón, que surge al poseer el objeto robado, tanto si se sustrae como si no.

Tomar lo que no ha sido dado puede realizarse de tres maneras: en primer lugar, amenazando mediante la fuerza a una persona desarmada, o robando con sigilo aquello que se desea, o, finalmente, mediante diversas formas de engaño y transacciones fraudulentas. De todas las maneras en que se puede romper este precepto, la más seria es robar lo que se ha ofrendado a los Tres Tesoros.

3. ABSTENERSE DE CONDUCTA ERRÓNEA RESPECTO
A LOS DESEOS SEXUALES (kamamithyacara-virati)

I El objeto es un miembro del sexo opuesto con quien no se debería tener relaciones sexuales, como la esposa o el marido ajenos, una mujer u hombre bajo la custodia de padres o guardas, o una persona del sexo opuesto que al dedicarse a la vida religiosa permanezca célibe. Una persona de una familia con la que la propia haya mantenido relación en las últimas siete generaciones, asimismo está incluida. Bajo ciertas condiciones, mantener relaciones con la propia esposa también puede constituir una contravención de este precepto si sucede cerca de santuarios o en templos, en un momento equivocado, como durante *Upavasatha* (día de ayuno),[46] en ocasiones inoportunas durante el día, durante el período menstrual o si está embarazada, y finalmente mediante prácticas no naturales utilizando otros orificios distintos de la vagina.

II El segundo factor es la intención de mantener relaciones sexuales con una mujer (o un hombre).

III Luego debe tener lugar el esfuerzo para conseguirlo.

IV De entre las diversas impurezas mentales, la codicia es la raíz dominante en este caso, aunque las otras dos (aversión, ignorancia) también pueden hallarse presentes.

La triple instrucción

v   La realización es la aceptación con deleite de la sensación resultante del contacto entre dos órganos sexuales. En cuanto a las personas, este precepto puede romperse de tres maneras, teniendo relaciones sexuales con: una mujer o un hombre mantenida-o por familiares, madre, padre o hermano; una mujer al cuidado de su marido (o, en el caso de un hombre, uno que ya esté casado); en tercer lugar, con una persona protegida por el Dharma, incluyendo aquellos que dedican toda su vida a la práctica religiosa. Entre las diversas clases de mala conducta sexual, la más grave es la de mantener relaciones incestuosas, siendo la peor el acto de violar a la propia madre, que al mismo tiempo sea una *bhiksuni* y una *arhat*.

4. ABSTENERSE DE MENTIR
(mrisavda-virati)

I   Aquí el objeto es un ser humano distinto de uno mismo, ya que debe haber alguien a quien hablar en falso, o de quien hacerlo.
II La intención es falsificar la verdad, como por ejemplo, cuando alguien que no ha visto responde al ser preguntado: «Sí, vi...».
III El esfuerzo se realiza a través del habla o de la acción corporal que viene precedida por pensamientos reflexionados.
IV En cuanto a las impurezas, puede predominar cualquier de las tres.
V   La realización se lleva a cabo siempre que aquello que se intenta hacer creer a los demás, mediante la palabra o el cuerpo, se cree de la manera que conviene al mentiroso. La expresión de una falsedad únicamente mediante la palabra puede ser muy variada cuando también se utilizan movimientos corporales para apoyar la mentira.

Aquí pueden discernirse tres tipos de ofensa: el tipo de mentira dicha acerca del *uttara-manusya-dharma*, que es el proclamar estados de logros sobrehumanos[47] que no se han experimentado y, no obstante, se intenta convencer a otros de lo contrario. Eso se denomina el grupo que conduce a la caída (un nacimiento inferior en los estados de aflicción en vidas futuras). En segundo lugar, está la mentira explicada en beneficio propio y para conseguir la destrucción de otros, que es conocida como la "gran falsedad". Finalmente, está mentir no por obtener beneficio ni para herir, ni a uno mismo ni a los demás, sino sólo por el deseo de hacerlo (o tal vez bromeando, etcétera), que se considera una falsedad menor. De todos los tipos de mentiras posibles, la peor es hablar mal del Buda, aunque engañar al propio padre, madre y maestros, también es muy grave.

5. ABSTENERSE DE CALUMNIAR
(paisunyavaca-virati)

I   Como objeto hay que contar al menos con dos personas amigas.
II La intención está en el deseo de destruir la amistad.
III Mientras que el esfuerzo consiste en tratar de crear desunión.
IV Pueden hallarse presentes las tres raíces de impericia, pero la de aversión suele ser la dominante.
V   La ruptura de este precepto se realiza cuando el sentido de las palabras pronunciadas por el calumniador son comprendidas por las otras partes. Esforzarse en que las partes opuestas no se reconcilien también forma parte de este precepto.

La calumnia puede ser de tres tipos: la primer categoría es cuando se utiliza una expresión forzada y el tema se discute abiertamente, no en secreto, tal vez pretendiendo verdadera amistad. La calumnia del segundo tipo se efectúa comunicando las palabras de cada una de las partes a la otra, auspiciando la desunión. En último lugar, se puede calumniar en secreto y de manera indirecta utilizando el habla de los demás. La peor clase de calumnia es cuando se rompe la relación entre un maestro religioso y sus discípulos, o cuando se destruye la concordia en el sangha (comunidad de monjes budistas).

La triple instrucción

6. ABSTENERSE DEL ABUSO VERBAL
(pharusyavaca-virati)
I   Como objeto debe haber una persona diferente del que lleva a cabo el abuso verbal.
II Hay que haber decidido abusar verbalmente, y eso constituye la intención.
III El esfuerzo de hablar utilizando un vocabulario abusivo es el esfuerzo.
IV Aunque pueden estar presentes las tres clases de impurezas mentales, la raíz de la aversión suele ser la predominante.
V   Finalmente, se hace pronunciando palabras abusivas.

También existen tres clases de abuso verbal: la primera es cuando se utilizan palabras abusivas cara a cara, de manera que la otra persona es humillada. En segundo lugar, el abuso verbal puede estar dirigido indirectamente, causando perjuicio a quien en realidad se dirigen las palabras. La forma indirecta de abuso verbal es cuando se murmura de la persona a quien se quiere herir utilizando a otra persona. También puede hacerse por escrito. Entre los diversos tipos de abuso verbal, el más serio es el dirigido a un *arya* (noble), o a la madre o el padre.

7. ABSTENERSE DE LA CONVERSACIÓN VANA
(sambhinnapralapa-virati)
I   También aquí el objeto es otra persona.
II La intención es hablar vanamente por desidia.
III El esfuerzo está al empezar a charlar, contar historias o cantar canciones vanas.
IV Aunque pueden estar implícitas las tres raíces perniciosas, la principal impureza es la ignorancia.
V   Se lleva a cabo cuando se hablan temas indignos de ser comunicados.

La conversación vana también es de tres tipos: disparates engañosos, como venerar a dioses, leyendas, mitos religiosos e his-

El ojo de la sabiduría

torias milagreras; los disparates mundanos incluyen el chismorreo, las historias inútiles, la ficción y los chistes; mientras que el disparate mayor es enseñar el Dharma a una persona que no está preparada para recibirlo. Considerando todos los tipos de conversación vana, el más serio es el que resulta en la distracción mental de quien está dedicado al Dharma.

8. ABSTENERSE DE LA AVARICIA
(abhidya-virati)
I   El objeto es la propiedad mueble o inmueble ajena.
II   La intención significa albergar deseos y esperanzas de poseer la propiedad o el dinero ajenos.
III El esfuerzo consiste en planear constantemente cómo adquirir dicha propiedad.
IV   De las tres raíces perniciosas, la dominante es la codicia, aunque también pueden hallarse presentes las demás.
V   Se realiza cuando lo planeado tiene como resultado el abandono total de la vergüenza (*hri*) y el miedo a ser acusado (*apatrapa*).

La avaricia es de tres tipos: dirigida hacia la propiedad de la propia familia, de la ajena, o de aquella que no pertenece a nadie. De todos los tipos posible, la peor es la que tiene como objeto la propiedad y bienes poseídos por el *bhiksusangha*.

9. ABSTENERSE DEL RENCOR
(byapada-virati)
I   El objeto es otro ser.
II   La intención es matar, golpear o destruir a otros.
III El esfuerzo realizado es planificar cómo ejecutar el daño o destrucción de otros.
IV   Aunque pueden hallarse presentes todas las raíces perniciosas, la dominante es la aversión.
V   Se realiza cuando uno considera virtuoso matar, golpear o destruir a los demás y deja de preocuparse por el camino

La triple instrucción

opuesto y meritorio de la amistad y compasión (*maitri-karuna*).

El rencor puede dividirse en tres categorías: el pensamiento concerniente a matar a otros, otro de odio o malicia, como el de un soldado en el campo de batalla. Luego está la reflexión sobre cómo puede ocasionar el mal a otro, producto de la rivalidad. Finalmente, sintiendo enemistad por otra persona que ha causado un perjuicio, aunque se hubiera disculpado por su mala conducta. El peor exceso del rencor es el que se aprecia en los que contemplan los crímenes "de proximidad",[48] como el matricidio, patricidio, matar a un *arhat*, verter la sangre de un buda o causar un cisma en el *sangha*.

10. ABSTENERSE DE CREENCIAS ERRÓNEAS
(mithyadristi-virati)

I El objeto (*vastu*) son los *dharmas* meritorios o perniciosos en la mente (*citta*).

II La intención (*samjña*) es oponerse al pensamiento de causa y efecto en términos de "ningún *dharma* es meritorio ni pernicioso", y "no hay fruto que provenga de los *dharmas* meritorios ni perniciosos".

III El esfuerzo (*prayoga*) es reflexionar una y otra vez que no existen *dharmas* meritorios ni perniciosos y que no dan fruto alguno.

IV En general, la impureza (*klesa*) más intensa es la ignorancia, aunque pueden hallarse presentes las tres raíces perniciosas.

V Cuando se está convencido de la inexistencia del mérito o el demérito junto con la inexistencia de sus frutos, adentrándose en las creencias erróneas, sin contar con creencias (o comprensión) correctas que se le opongan, entonces se efectúa la realización (*nispatti*).

Pueden discernirse tres clases de creencias erróneas: la primera es la que declara que no hay *karma*, mérito o demérito, y

75

El ojo de la sabiduría

ningún resultado kármico en términos de placer o insatisfacción (*sukha, duhkha*), afirmando que surgen sin causa que las provoque. De esta manera se socava la ley de causalidad.[49] En segundo lugar, la creencia errónea que proclama que aunque exista un camino de práctica, y aunque se colme dicha práctica (en términos budistas, la práctica del camino de la verdad, o *margasatya*), no puede existir realización (el cese de *duhkha* o *nirodhasatya*), socavando así las Cuatro Nobles Verdades. La tercera creencia errónea está en la afirmación de que no existe ningún buda o ser iluminado mediante su propio esfuerzo y que no puede existir ningún Dharma (basado en la iluminación), ni ningún propósito en el *sangha* (que se esfuerza por alcanzar la iluminación), completando así una crítica totalmente destructiva de los Tres Tesoros. De todos los tipos de karma mental pernicioso, esta última falsa creencia es la peor.

La observancia de estos diez preceptos protegen contra la comisión de los diez karmas perniciosos nombrados anteriormente, y se llama cumplir con los preceptos del abstenerse de lo pernicioso, cuyo repaso acabamos de completar. Ahora deberíamos examinar brevemente:

Los preceptos pratimoksa

La palabra "pratimoksa" (en pali: "patimokkha") es un conjunto en el que la primera parte *"prati"* significa "deshacerse de", es decir, del *duhkha* mundano, llevando a quienes observen los preceptos a *"moksa"*, o la libertad del nirvana.

Ahora bien, no se mantienen esos preceptos por un deseo de protección, ni a causa del miedo, ni por el deseo de alcanzar fama, ni tampoco por obtener la felicidad en otro mundo; más bien se abrazan a través del desapego del mundo y por un intenso deseo de libertad y paz, pues su práctica va siempre acompañada del deseo de no dañar (*ahimsa*) a otros. Por ello se denominan acertadamente los preceptos *pratimoksha*.

La triple instrucción

Como existen ocho tipos de personas que observan estos preceptos,[50] son de ocho clases:

Upavasatha-sila: preceptos mantenidos en los días de observancia lunar.
Upasaka-sila: preceptos de los devotos masculinos.
Upasika-sila: preceptos de las devotas.
Sramanera-sila: preceptos de los novicios.
Sramanerika-sila: preceptos de las novicias.
Siksamana-sila: preceptos de la instrucción para novicias.
Bhiksu-sila: preceptos de los monjes totalmente ordenados.
Bhiksuni-sila: preceptos de las monjas totalmente ordenadas.

Los preceptos también se conocen como los preceptos de abstinencia (*samvarasila*), y por esa razón los preceptos de los ocho tipos de personas se llaman colectivamente las ocho abstinencias *pratimoksa*. El número de preceptos observados por las diferentes clases nombradas anteriormente varían de la siguiente manera:

Los preceptos de los días de observancia son ocho.
Los preceptos *upasaka* y *upasika* son cinco.
Los *sramanera* y *sramanerika* cuenta cada uno con treinta y seis preceptos, diez de ellos preceptos-raíz.[51]
Las *siksamana* cuentan con doce preceptos, seis de ellos preceptos-raíz que deben ser observados dos años antes de convertirse en *bhiksuni*.
Los preceptos de *bhiksu* son 253, divididos en varias clases, estando las ofensas más graves al principio, de la manera siguiente:[52]
4 *parajika* (derrota). Por su comisión, un *bhiksu* es privado de los hábitos y no puede ser reordenado.
13 *sanghavasesa* (conllevando una reunión inicial y posterior de la *sangha*).
30 *naihsargika* (expiación con confiscación).
90 *prayascittiya* (conlleva expiación).

El ojo de la sabiduría

4 *pratidesaniya* (que deben ser confesados).
112 *saiksa* (reglas de buena conducta).
Los preceptos de *bhiksuni* son 364, que están divididos en las mismas categorías que los anteriores: 8 *parajika*, 27, 33, 180, 11, 112 *saiksa*.[53]

De estos ocho tipos de preceptos *pratimoksa*, sólo el primero es temporal, siendo observados durante un día y una noche, tras lo cual se abandonan y el laico/a retorna a la observancia de los cinco preceptos. Las otras siete clases se observan durante toda la vida, hasta la muerte.

Quienes quieran asentarse en alguna clase de preceptos *pratimoksa* hallarán cierto número de obstáculos para su observancia, por lo que si se quieren poner en práctica, habrá que liberarse de lo siguiente:

1. Asesinar a la madre o al padre, a un *arhat*, herir a un buda o causar un cisma en el *sangha*, se denominan *karma* de proximidad y son un obstáculo para que *surja* la abstinencia.

2. No obtener permiso del soberano (cuando se necesite) o el de los padres (en caso de desear seguir la vida sin hogar), son obstáculos para el *establecimiento* de la abstinencia.

3. La juventud extrema que descibre la frase "ser incapaz de espantar cuervos" es un obstáculo para el *desarrollo* de la abstinencia. Finalmente, los defectos y peculiaridades físicas pueden representar un obstáculo para la *práctica* de la abstinencia relativa a dichos preceptos.

Hay que tener bien claro que nacer no es un obstáculo, pues aunque se nazca en una familia de clase elevada o baja, rica o pobre, es posible tomar dichos preceptos. Todo aquel que esté libre de los defectos anteriores debe observar un grupo de dichos preceptos, de acuerdo con su capacidad personal y oportunidad.

La manera de lograr las abstinencias todavía no realizadas es doble: realizando un gran esfuerzo o mediante un esfuerzo pequeño.

Los factores siguientes ayudan a proteger la abstinencia ya lo-

La triple instrucción

grada: 1. la compañía de buenos amigos (maestros capaces y compañías virtuosas); 2. mantener el entendimiento puro y libre de impurezas; 3. mantener la pureza de los preceptos conociendo las impurezas que se les oponen; 4. la purificación nacida del estudio, y 5. tener en cuenta qué causa felicidad. A continuación se explican estos cinco factores.

El primero significa que la abstinencia puede protegerse al acudir en presencia de *bhiksus* de buena conducta y carácter, o escuchando los discursos de tales hombres sabios.[54] Alguien especialmente dotado debería permanecer cerca de un maestro local y ser instruido en el Dharma por dicha persona, que deberá contar con todas las cualidades de un buen instructor.

La comprensión pura implica que se sabe qué *dharmas* deben abandonarse y cuáles desarrollarse, aplicándose en aprender la distinción. Hay que analizar el continuo mental-emocional (lo que llamamos "mente" o *citta*) con la ayuda de la atención plena y una clara comprensión (*smriti-samprajanya*). Al recordar a los propios y venerables maestros hay que considerar la manera en que reprobarían la conducta perniciosa, desarrollando de esta manera vergüenza y miedo a ser culpado (*hri-apartrapa*). Estando bien asentado en estas virtudes es posible proteger los preceptos.

El tercer factor, "conocer los *dharmas* opuestos", significa que hay que adquirir conocimiento acerca de las causas que conducen a la desaparición de la felicidad mental. Al conocerlas en profundidad, se pueden abandonar las que llevan a la destrucción (las impurezas mentales), para cultivar de manera consciente las que alientan las abstinencias. Eso es algo que puede conseguirse escuchando las exposiciones acerca del Dharma, considerándolas y reflexionándolas en la propia mente y practicando las diversas enseñanzas sobre el Dharma y la disciplina.

Estudio significa aquí que hay que tratar de adquirir instrucción especial sobre las tres ocasiones de la jornada de *Upavasatha* (cuando se recita el *Pratimoksa* y se ofrecen sermones del Dharma), *Varsavasa* (los tres meses del retiro de la estación de

El ojo de la sabiduría

las lluvias de práctica budista intensiva) y en *Pravarana* (el día que finaliza el retiro de la estación de las lluvias, cuando los *bhiksus* se piden consejo entre sí y cuando se ofrecen instrucciones especiales).

Las causas materiales de felicidad son los cuatro requisitos de la vida: vestido, alimento, cobijo y medicinas, y cuando su uso hacer surgir impurezas mentales que conducen a la decadencia, uno debe abstenerse de utilizarlos. Mediante su uso atento y restringido es posible proteger la propia conducta moral.

Existen cuatro factores que llevan a los seres humanos a cometer acciones perniciosas. Son:

> Ignorancia,
> falta de respeto por la enseñanza,
> descuido y el encadenamiento de las impurezas mentales.

Estos cuatro factores se llaman las puertas de la decadencia y aquellos que desean proteger sus preceptos deben renunciar a ellos. Una persona debe proteger sus preceptos como si de sus ojos se tratase. Además, es necesario desarrollar los cuatro factores que contrarrestan las puertas de la decadencia:

> Sabiduría,
> confianza,
> vigilancia y
> la destrucción de las impurezas.

(En sánscrito: *prajña, sraddha, appramada, klesaksaya*).

Así pues, resulta fácil comprender que los preceptos *pratimoksa* de abstinencia son parecidos tanto en el Theravada como en el Mahayana. *Merece la pena subrayar que en ambas ramas del Buddhadharma se pone mucho énfasis en la práctica correcta de la abstinencia* pratimoksa.

La triple instrucción

Preceptos de bodhisattva *y* vajrayana

No obstante, en cuanto a los preceptos de *bodhisattva* y los del *vajrayana*, son específicos del Mahayana. Si se aborda la observación de los preceptos de abstinencia de *bodhisattva* (*bodhisattva-sanvara-sila*), hay que protegerse de las dieciocho ofensas que conducen a la decadencia, así como de las cuarenta y seis formas de mala conducta. Cuando uno se basa en los preceptos del *vajrayana* o vehículo del diamante, tiene que protegerse de las catorce causas-raíces de decadencia y de los ocho graves males, y contar además con la protección de la conducta especial y ordinaria de las cinco familias búdicas (*pañcagotra*), así como de otras formas de conducta. Como los preceptos de *bodhisattva* y del vajrayana son numerosos, y también sus divisiones y métodos de práctica, no serán explicados en este libro introductorio.

Así finaliza la descripción de la instrucción en suprema virtud.

II. La instrucción en supremo recogimiento
(adhisamadhi-siksa)

A continuación, tras haber esbozado la instrucción en suprema virtud, llegamos a la segunda instrucción, concerniente al recogimiento (*samadhi*). *Hemos tratado primero de la virtud porque sólo aquella persona instruida en virtud puede instruirse en recogimiento.* Por lo general, la mente (*citta*)[55] no permanece fija durante largo tiempo en un único objeto ya que oscila continuamente, implicándose con los objetos de los diversos campos sensoriales, pero mediante esta instrucción puede concentrarse a la perfecciône. Cuando la mente está concentrada sobre un objeto beneficioso y no está desasosegada, entonces esta concentración de la mente se denomina "samadhi".

Samadhi o recogimiento[56] puede analizarse y dividirse en varios niveles de absorción mental (*dhyana*). Estos niveles están precedidos por la entrada en el recogimiento (*upacara-samadhi*)

El ojo de la sabiduría

donde quedan suprimidas las cinco barreras (*nivarana*)[57] que suelen aparecer en los planos inferiores del deseo; pero cuando surgen los factores de absorción (*dhyananga*), lo hacen en el nivel de consecución del recogimiento (*arpana-samadhi*). El recogimiento es de dos tipos: mundano y trascendente. La variedad mundana también es de dos clases: la perteneciente al mundo de la forma o al mundo de la carencia de forma; en esas dos esferas existen ocho niveles (*bhumi*), cuatro en cada uno de ellas. Si mediante la práctica correcta se alcanzan las absorciones de la forma y la carencia de forma, entonces se ha alcanzado la perfección del recogimiento (*samadhi-paramita*).

Como ya se ha señalado anteriormente, el recogimiento se clasifica en mundano o trascendente. En este caso, por "mundo" hay que comprender que se hace referencia a los tres elementos del mundo (*loka-dhatu*) donde se hallan todos los seres vivos.[58] Por ello, el recogimiento mundano es el que cuenta con objetos mundanos y produce un resultado mundano, el de la calma y felicidad en esta vida y en la siguiente, dando paso a un nacimiento celestial (la experiencia del "cielo", "paraíso", etcétera). No mundano o trascendente significa que este tipo de *samadhi* apunta hacia la libertad, siendo sus objetos carentes de forma y sin sí mismo-alma (*nihsvabhavata, anatmata*). A fin de alcanzar las absorciones mundana y trascendente, primero hay que desarrollar calma y visión profunda (*samatha-vipasyana*). *Aunque al principio puede que dé la impresión de que estos aspectos del samadhi se desarrollan por separado, hay que desarrollar el recogimiento en el que se engarzan juntos.*[59] El aspecto del recogimiento que pacifica la veleidad de la mente se llama "calma", mientras que la sabiduría que penetra en las tres marcas (de la existencia) –impermanencia, insatisfacción y carencia de sí mismo-alma– se llama "visión profunda" (*vipasyana*).

El orden de desarrollo en la mente de esos dos aspectos es: primero *calma* (*samatha*) y luego *visión profunda* (*vipasyana*), que también se denominan desarrollo mental (*bhavana*), y que incluye un profundo examen. Una vez que la mente se ha esta-

La triple instrucción

blecido en la calma, es posible el desarrollo que produce visión profunda. *Samatha* es el estanque sereno y tranquilo en que el pez (la facultad de la visión profunda) lleva a cabo su examen. Eso es posible porque en ese momento la mente permanece fija sobre su objeto y no se desasosiega con facilidad.[60] Este estado es muy importante, y el *karma* meritorio que se produce al morar en él es muy poderoso y produce un gran fruto.

En este desarrollo de la calma existen cinco obstáculos[61] que tratan de impedir la tranquilidad. Son: 1) La desidia mental (*kausidya*), que crea desánimo para que la mente no se interese en la práctica del recogimiento. A ella se opone el factor mental llamado "determinación" (*chanda*). 2) Falta de atención plena (*musitasmritita*) al lograr recogimiento, y si se experimentase debe existir una atención constante a fin de asegurar que la mente está establecida y concentrada sobre su objeto. Con la falta de atención plena, el objeto de recogimiento desaparece de la mente. Este factor es opuesto a la atención plena perfecta o correcta (samyak-smriti). 3) A continuación viene el hundirse y la dispersión de la mente (*nirmagnata-auddhatya*). "Hundirse" significa que la mente se sumerge sin atención en el objeto, siendo un estado que impide cualquier progreso. Durante la meditación es necesario estar atento al objeto, mientras que al mismo tiempo la mente no debe hundirse en él. "Dispersión" es un tipo de veleidad de la mente en el que ésta no puede mantenerse fija sobre su objeto. Estos dos obstáculos se oponen a la comprensión clara. 4) La asociación con el anterior par de obstáculos (*samskarasevana*) es en sí mismo un obstáculo para el recogimiento. En este caso, uno sabe que la mente está dominada por el hundimiento y la dispersión, pero no se realiza el esfuerzo por desarrollar los factores opuestos, que pueden curar la mente. 5) A veces sucede que tras haber realizado dicho esfuerzo y producir los factores contrarios, se siguen practicando cuando ya no son necesarios (disociación del *samskarasevana*). Ésta es una forma de práctica ignorante y demuestra que la mente no está totalmente alerta o concentrada en su objeto.

El ojo de la sabiduría

Es imposible lograr la perfección del recogimiento a menos que uno se deshaga de esos cinco factores de oposición. Para formar la mente y que logre evitarlos existen ocho *dharmas* que se oponen y que contrarrestan los obstáculos de la siguiente forma:

1. Confianza (*sraddha*)	se opone a la	
2. Determinación (*chanda*)	se opone a la	
3. Perseverancia (*virya*)	se opone a la	desidia mental
4. Tranquilidad (*prasrabdhi*)	se opone a la	
5. Atención plena (*smrti*)	se opone a la	falta de atención plena
6. Comprensión (*samprajanya*)	se opone al	hundimiento y dispersión
7. Investigación (*samskaracintana*)	se opone a la	asociación con los anteriores
8. Ecuanimidad (*adhivasana*)	se opone a la	no asociación

La calma debe desarrollarse a través del crecimiento de esas ocho cualidades. Ahora pasaremos a discutir los nueve estados mentales, los seis poderes y las cuatro actividades mentales y cómo, gracias a ellos, se logra el recogimiento.

Los nueve estados mentales

1. *Cittasthapana*. Es el primer estado en que la mente no se ve afectada por objetos externos a la meditación.
2. *Cittapravahasamsthapa* es cuando se establece la corriente mental, significando con ello que está fija en el objeto de meditación durante algún tiempo y obliga a la mente a considerar una y otra vez el objeto de concentración.
3. *Cittapratiharana* es el estado en que, cuando la mente se distrae, se la "trae de regreso" al objeto de concentración.

La triple instrucción

4. *Cittopasthapana* es cuando la mente se expande mientras permanece limitada exactamente al objeto.
5. *Cittadamana* ("domar la mente") se lleva a cabo al observar los malos resultados de los pensamientos e impurezas que distraen, percibiendo también las ventajas del recogimiento, de manera que se realiza un esfuerzo para apartar los primeros y para basar la mente en el último.
6. *Cittasamana* ("calmar la mente") es cuando se suprimen las sensaciones contrarias a la práctica del recogimiento. Si surge el aburrimiento como consecuencia de que la mente sigue teniendo necesidad de objetos sensoriales, entonces se pacifica por completo en este estadio.
7. *Cittavyupasamana* o pacificación sutil de la mente. Aquí se apartan hasta las impurezas sutiles de la mente.
8. *Cittaikotikarana*. Aquí la mente se convierte en un raudal sereno y continúa fluyendo concentrada.
9. *Samadhana*. Cuando se alcanza este estado no es necesario realizar esfuerzo alguno, pues la mente se halla concentrada de manera natural.

Los seis poderes

1. *Srutibala*: este primer poder significa escuchar a un maestro o leer libros sobre el método de fijar la mente.
2. *Asayabala*: mediante el poder del pensamiento repetido se encarrila la mente en el camino del recogimiento.
3. *Smritibala*: si la mente se distrae a causa de algún objeto, regresará a la atención plena del objeto de meditación mediante este poder.
4. *Samprahanyabala*: mediante este poder de clara comprensión se conocen los resultados malévolos de las impurezas mentales y los frutos beneficiosos que se derivan del recogimiento, convirtiendo este último en un deleite.
5. *Viryabala*: este tipo de energía beneficiosa asegura que la mente no será influenciada por las impurezas.

6. *Paricayabala*: la familiaridad natural de la mente con el recogimiento, la aplicación forzada de la atención vigilante y la clara comprensión ya no son necesarias.

Las cuatro actividades mentales

1. *Manonivesapravartak-manaskara*. Mediante esta actividad la mente entra en el objeto.
2. *Vicchinnapravartak-manaskara*. Aunque al principio la mente puede permanecer concentrada durante algún tiempo, de vez en cuando surge la distracción provocada por los obstáculos del hundimiento, la dispersión y demás. Esta actividad retorna la mente a su objeto.
3. *Avicchinnapravartak-manaskara*. A través de esta actividad se basa la mente en el objeto durante un largo período, no dando oportunidad a la aparición de distracciones.
4. *Ayatanapravartak-manaskara*. Cuando se han apartado todos los obstáculos que impiden el recogimiento, mediante esta actividad se puede mantener la mente sobre su objeto sin realizar esfuerzo alguno.

La consecución sucesiva de recogimiento[62]

Tras haber esbozado los diversos factores implícitos respecto al recogimiento, el tema que se explicará a continuación será el progreso a través de los nueve estados mentales, y los obstáculos que se hallan en ellos, así como la manera en que los diversos poderes y actividades mentales acaban con ellos.

Como ya se ha expuesto anteriormente, *el primer poder* consiste en escuchar la enseñanza y conseguir que la mente aprenda acerca de los objetos de concentración. Quienes hayan escuchado este tipo de enseñanza y quienes deseen experimentar recogimiento, no deben permitir que sus mentes se distraigan con obje-

La triple instrucción

tos externos. Cuando la mente empieza a estar asentada en este objeto, se denomina *el primer estado mental*. Aunque la mente empiece a estar asentada en el objeto, fracasa a la hora de concentrarse sobre éste durante largo tiempo. Los pensamientos caen sobre la mente como el agua de una cascada, y da la impresión de que surge una verdadera inundación de pensamientos. La verdad es que la mente siempre ha permanecido en este estado, pero nunca hasta entonces se había sido consciente de ello, ya que no había dirigido su mirada hacia el interior. Ahora que la mente mira hacia el interior mediante la práctica de la atención completa y la clara comprensión, esos pensamientos se hacen aparentes. Al igual que en una carretera llena de tráfico, una persona descuidada puede no ser consciente de lo abarrotada que está a menos que la examine con cuidado para ver los diferentes tipos y número de personas; de la misma manera la mente empieza a darse cuenta de la variedad y ámbitos de los pensamientos que la comprenden. Eso no debe considerarse un fallo en la práctica sino más bien una experiencia natural cuando se inicia la concentración.

Cuando se experimenta el primer estado mental, con *el segundo poder* la mente se basa repetidamente sobre el objeto. De esta manera, la mente es restringida durante algún tiempo, alcanzándose *el segundo estado mental*. Aquí surgen a veces pensamientos que distraen la mente, para luego morir, es entonces cuando el meditador comprende por primera vez la paralización de los pensamientos. Aquí suelen producirse dos fallos: hundimiento y dispersión. Si se trata del primero, la mente se hunde suavemente en el objeto, y el resultado es una especie de sopor; mientras que el segundo provoca que la mente divague y corra tras otros objetos. El resultado es que el recogimiento pierde poder y fuerza. Cuando esto sucede, hay que conseguir mantener la mente quieta sobre el objeto, y cuando se logra, se conoce como *la primera actividad mental*.

No obstante, si después de que la mente se ha ligado tenazmente al objeto sigue siendo distraída por otros objetos, entonces

El ojo de la sabiduría

debe volver a basarse sobre el objeto de concentración mediante *el tercer poder* (de atención vigilante). En ese momento, se alcanza *el tercer estado mental*.

Como ya dije con anterioridad, siempre que la mente carece de energía y se desanima debido a los fracasos del hundimiento y demás, debe ser dirigida por el tercer poder para regresar al objeto de concentración. También se necesita el poder de la atención vigilante para limitar la expansión de la mente, para que no se extravíe yendo tras otros objetos. Éste es *el cuarto estado mental*.

Mientras se practica la concentración aparecen repetidamente pensamientos e impurezas, se debe a que el meditador desconoce los resultados perniciosos y perturbadores que provocan, ni tampoco comprende los frutos beneficiosos del recogimiento. Cuando mediante el cuarto poder (clara comprensión) uno se apercibe y se da cuenta de esos defectos, entonces pueden tratarse mediante este poder. Eso significa que las impurezas que ya han surgido pueden cortarse de raíz, concentrando la mente sobre el objeto, y cuando ello tiene lugar, se denomina *el quinto estado mental*.

De vez en cuando, la mente puede sentirse insatisfecha con la concentración dando paso a la aparición del aburrimiento que acarrea la experiencia de la dispersión. Mediante el poder de la clara comprensión de los malos frutos de esta dispersión se impide que la mente se recree en el aburrimiento. Eso se denomina *el sexto estado mental*.

Respecto a este estadio de la práctica, y aunque los defectos e impurezas hayan sido suprimidos al reflexionar sobre los resultados insatisfactorios de cara al futuro, eso no significa que no vuelvan a aparecer. Por esta razón, el meditador debe estar siempre vigilante. Siempre que esas impurezas se manifiestan en la mente existe la oportunidad de realizar el auténtico valor de la atención, pudiéndose acabar con dichas impurezas, tanto si se trata de codicia, lujuria u otras, gracias a esta atención mantenida con ahínco y esfuerzo. Es *el séptimo estado mental*.

Aunque entre el tercer y el séptimo estado la mente puede

La triple instrucción

concentrarse más o menos, y aunque esté bien basada en el objeto, las impurezas como el hundimiento y la dispersión pueden seguir causando distracción de vez en cuando, aunque sea en pequeños intervalos. El resultado es que el recogimiento se fractura, aunque puede remediarse mediante *la segunda actividad mental*. Esta actividad puede aplicarse en todos los estados mentales, del tercero al séptimo.

Si el meditador desarrolla tanto el tercer como el cuarto poder para contrarrestar la dispersión y *el quinto poder* contra el hundimiento, entonces esas dos impurezas no representarán un obstáculo para el desarrollo del recogimiento. Uno de los resultados es que la práctica prosigue como un raudal ininterrumpido, dando paso *al octavo estado mental*.

Al experimentar este estado, si se realiza un esfuerzo cuidadoso y persistente, esas dos impurezas no tendrán poder para fracturar el recogimiento, que continuará interrumpido y sin grandes distracciones. En este estado se halla *la tercera actividad mental*.

Si se desarrolla el recogimiento de forma persistente y continua, el objeto se tornará muy claro gracias *al sexto poder*. En este estado, la mente está concentrada en el objeto sin esfuerzo, sin necesitar el apoyo de la atención vigilante o de la clara comprensión. Se ha alcanzado el *noveno estado mental*. Al igual que un hombre que se ha aprendido bien las Escrituras puede dejar que su mente vague mientras las canta, y no por ello representa un obstáculo para su canto, también la mente que se ha basado previamente en el objeto, se halla ahora fija en él sin esfuerzo y sin hallar obstáculos. La corriente de recogimiento puede ahora fluir durante un largo período sin esfuerzo por parte del practicante, conociéndose este estado como *la cuarta actividad mental*. El noveno estado mental también se denomina "acceso al recogimiento" (*upacara samadhi*).

El ojo de la sabiduría

Resumen del progreso a través de los nueve estados

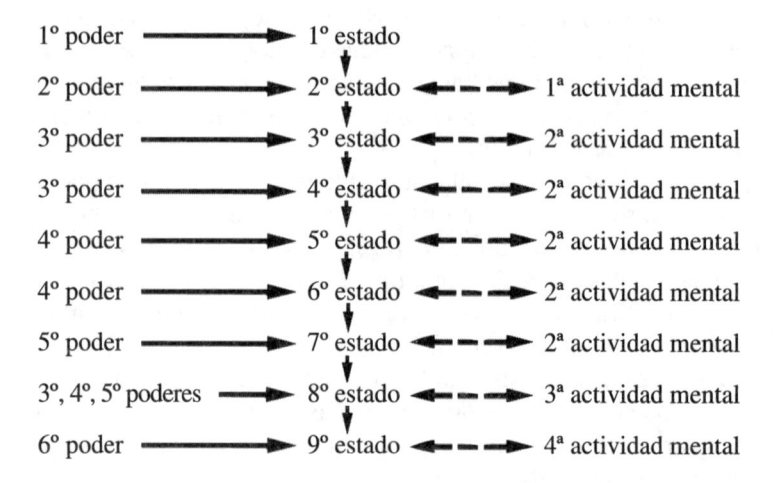

1º poder ⟶	1º estado	
2º poder ⟶	2º estado ⟷	1ª actividad mental
3º poder ⟶	3º estado ⟷	2ª actividad mental
3º poder ⟶	4º estado ⟷	2ª actividad mental
4º poder ⟶	5º estado ⟷	2ª actividad mental
4º poder ⟶	6º estado ⟷	2ª actividad mental
5º poder ⟶	7º estado ⟷	2ª actividad mental
3º, 4º, 5º poderes ⟶	8º estado ⟷	3ª actividad mental
6º poder ⟶	9º estado ⟷	4ª actividad mental

Puede hallarse calma incluso en la mente de un meditador que haya comenzado a practicar para lograr el recogimiento. Al aumentar la fuerza de la calma también disminuye la rigidez mental y física. Esta rigidez, pesadez o inoperancia mental está asociada con la pesadez y la inactividad mental, siendo todas ellas aspectos de la causa-raíz de las impurezas mentales, la obnubilación (*moha*). Cuando decimos que la calma es opuesta a la rigidez, queremos decir que esta calma o *samatha* está acompañada de sensación de ligereza tanto mental como corporal.[63] En una mente calmada, surge la alegría (*priti*), y a causa de ello la mente permanece basada en el objeto de meditación. La calma mental también da paso a un cuerpo tranquilo y relajado, un factor de gran ayuda para el meditador.

Al ir progresando en el recogimiento, este gozo tiende a disminuir, siendo sustituido por la ecuanimidad (*upeksa*), y la mente puede así permanecer sobre el objeto con mayor estabilidad, siendo una experiencia conocida como *samadhi-upacara-acala-*

La triple instrucción

prasrabdhi (literalmente: la inamovible tranquilidad del acceso al recogimiento, de esta manera se entra en un estado muy cercano a la primera absorción (*dhyana*).

Con la práctica continua se alcanza la primera absorción. Ya hemos dicho que existen tres grandes niveles (*bhumi*), en ocasiones también llamados elementos mundanos (*dhatu*), que a su vez pueden subdividirse hasta llegar a conformar un total de nueve niveles:

1. nivel de la existencia sensorial (*kama-bhumi*)
2. nivel de primera absorción (*prathama-dhyana-bhumi*)
3. nivel de segunda absorción (*dvitiya-dhyana-bhumi*)
4. nivel de tercera absorción (*tritiya-dhyana-bhumi*)
5. nivel de cuarta absorción (*caturtha-dhyana-bhumi*)
6. nivel de la esfera de espacio infinito (*akasanantyayatana-bhumi*)
7. nivel de la esfera de conciencia infinita (*vijñananantyayatana-bhumi*)
8. nivel de la esfera de la carencia de sustancialidad (*akiñcanyayatana-bhumi*)
9. nivel de la esfera de ni percepción ni no percepción (*naiva-samjña-nasanjñaya tana-bhumi*), también llamada la cima del devenir.

Estos niveles sucesivos se alcanzan no teniendo apego por ellos y viendo las ventajas de los niveles superiores a los ya alcanzados, junto con las desventajas de estos últimos. Estas absorciones-realizaciones (*dhyana-samapatti*), es decir, los ocho últimos de estos nueve niveles, son factores causales ya que mediante su realización se puede renacer entre los seres celestiales de la forma o carencia de forma (según el tipo de absorción alcanzada).

El ojo de la sabiduría

El método para la realización de las absorciones

Como ya señalé anteriormente, la realización mundana de las absorciones es de dos clases: de la forma y de la carencia de forma, y ambas cuentan con cuatro niveles.

Cada una de estas absorciones cuenta con dos etapas: de aproximación y de realización. Así que ahora señalaré el método para su realización.

Primera absorción. En la etapa de aproximación a la primera absorción, existen estas seis actividades mentales:

1. "experimentar las características" (*laksanapratisamvedimanaskara*).
2. "conducente a la libertad" (*adhimoksika-manaskara*)
3. "casi aislada" del deseo (*praviveja-manaskara*).
4. "acrecentadora de la alegría" (*ratisamgrahaka-manaskara*).
5. "el examinador" (*mimamsaka-manaskara*).
6. "consumada en la aplicación" (*prayogajñistha-manaskara*).

Ahora bien, ¿con qué aplicación cuentan dichas actividades? La primera es cuando, a través de los dos tipos de sabiduría –de la escucha (aprender) y del pensar (reflexión)– se perciben las desventajas de las aproximaciones a la absorción en el nivel del deseo (*kama-bhumi*) y las ventajas de la primera absorción. Esta actividad de experimentar estas características se lleva a cabo mediante la concepción de pensamientos (*vitarka*) y su discriminación (*vicara*).

Cuando la primera actividad se transforma mediante la práctica en desarrollo de la sabiduría (*bhavanamaya-prajña*, que es visión profunda o *vipasyana* en los niveles inferiores), es conocida como la segunda actividad mental "conducente a la libertad".

Hay que tener en cuenta que en el continuo mental de los se-

La triple instrucción

res existen tanto defectos (*mala*) groseros como sutiles. Las absorciones sólo destruyen los groseros, mientras que los sutiles sólo pueden destruirse a través del desarrollo de la sabiduría adquirida al conocer los nobles senderos[64] que pertenecen a lo sobrenatural (*lokottara*); los nueve niveles expuestos anteriormente son todos mundanos (mundanos en el sentido de hallarse en el interior de la Rueda de Nacimiento y Muerte). Sólo mediante la realización del último pueden destruirse los defectos groseros (permitiendo el avance del meditador). Ahora bien, en el estado de aproximación de la primera absorción quedan destruidas las impurezas groseras del nivel del deseo. Cuando a través del poder del desarrollo de sabiduría se tiene éxito al destruir las impurezas groseras del nivel del deseo,[65] se denomina la tercera actividad mental "casi aislada" del deseo.

Mediante la práctica de esta actividad mental se consiguen destruir las impurezas medianas apegadas al nivel del deseo, denominándose la cuarta actividad mental, conocida como "acrecentadora del gozo".

Una vez que se han destruido las impurezas fuertes y medianas, es necesario tener en cuenta las sutiles porque, comparadas con las otras, resultan muy difíciles de percibir. Por esta razón, la quinta actividad mental es esencial, como "un examinador" que comprueba si esas impurezas sutiles se hallan o no presentes.

Tras observar las impurezas sutiles mediante la quinta actividad mental, se sabe que el continuo mental sigue mancillado por ellas, y por lo tanto se siente la necesidad de destruirlas. La actividad mental opuesta a esas manchas sutiles es la sexta, llamada "consumada en la aplicación".

Como resultado de la realización de estas actividades mentales, sucede la experiencia del fruto de esa realización: la primera absorción. Todas estas actividades mentales se caracterizan por ver el espesor de la etapa inferior, con todos sus fallos, a la vez que se percibe el superior inmaculado y calmo. Este método de consideración ayuda a lo largo de los caminos tanto mundano como sobrenatural (o trascendente).

El ojo de la sabiduría

Existen cinco factores que componen la primera absorción: concepción de pensamientos, reflexión de pensamientos, alegría, gozo y concentración (*vitarka, vicara, priti, sukha, ekagrata*). De estos cinco, los dos primeros son los que se oponen a las impurezas mentales; alegría y gozo son el resultado de la práctica; mientras que la concentración de la mente se considera la base de los otros cuatro. Si tanto la concepción como la reflexión de pensamientos se hallan presentes en la primera absorción, entonces es conocida como "realizada", pero si la primera de ellas está ausente, se la denomina "especialmente realizada".[66]

Segunda absorción. En los estados de aproximación a cada absorción se hallan presentes las seis actividades mentales. En este caso, a través de ellas se perciben las faltas de la primera absorción, así como la paz del estado superior. La etapa de realización de la segunda absorción cuenta con cuatro factores: pureza interior, alegría que resulta del recogimiento, gozo y concentración. De entre estos cuatro, el primero se opone a las impurezas mentales, mientras que la alegría y el gozo son resultado de la práctica, siendo el último la base de los otros tres. "Pureza interior" es el nombre colectivo dado a la atención total, la tranquilidad y ecuanimidad, porque destruyen las impurezas mentales.[67]

Tercera absorción. Como ocurriera anteriormente, también en esta etapa de aproximación se hallan presentes las seis actividades mentales, que hacen posible ver las faltas de la segunda absorción y las ventajas de un desarrollo ulterior (hacia la realización de la tercera). Al desapegarse de la segunda se alcanza el estado realizado de la tercera, que cuenta con cinco factores: atención total, clara comprensión, ecuanimidad, gozo exento de alegría y concentración. De estos cinco, los tres primeros se oponen a las impurezas mentales, mientras que el cuarto es un resultado y el quinto, como antes, la base.[68]

Cuarta absorción. El estado de aproximación con las seis actividades mental es igual que el anterior. Al ver las desventajas de la tercera absorción y los beneficios de la cuarta, y mediante el desapego del anterior estado y el esfuerzo por alcanzar el siguiente, se consigue realizarlo. Está compuesto de cuatro factores: pureza vigilante, pureza ecuánime, sensación ecuánime y concentración. Los dos primeros se oponen a las impurezas, el tercero es el resultado de la práctica y el cuarto es la base.[69]

La atención vigilante que se halla en la cuarta absorción está especialmente distinguida al calificarla de "purificada" porque está libre de los ocho defectos que se hallan en las absorciones. Son: concepción de pensamiento, reflexión de pensamiento, gozo, insatisfacción, placer mental, dolor mental, inspiración y espiración. En realidad podría decirse que son como espinas en el camino de la consecución del recogimiento. De éstos, los dos primeros son defectos de la primera absorción y se los compara a llamas. El goce sensual que surge de las cinco bases es un defecto de la segunda absorción. El placer y el dolor mentales que surgen a través de la sexta base (mente) son defectos de la tercera absorción, mientras que la cuarta, cuando se realiza perfectamente, está libre de esos ocho defectos.

Los frutos de las absorciones realizadas

Dependiendo del desarrollo de las absorciones realizadas, cada una de ellas puede determinarse como débil, mediana o fuerte, y las tres fuerzas de cada absorción corresponden a tres subniveles en cada plano del nivel de la forma.[70]

La forma imperceptible y sutil (*avijñapti-rupa*, véase la sección sobre los cinco agregados), que se acumula mediante la práctica de las absorciones, se denomina el fruto maduro (*vipaka-phala*) de cada estadio alcanzado.

Ése es el resultado natural cuando el objetivo alcanzado es una mente concentrada, un fruto que "fluye de" la práctica (*nisyanda-phala*). Las cosas, requisitos o comodidades materiales obtenidas como resultado de la práctica (a través del aprecio de los demás) son frutos denominados "extraobtenidos" (*adhipati-phala*).

El ojo de la sabiduría

Las cuatro realizaciones carentes de forma (arupi-samapatti)

Tras haber alcanzado la cuarta absorción, el practicante se retira por completo del tacto, la vista y los *dharmas* físicos, incluso de los sutiles, mientras desarrolla el pensamiento: «Todos los *dharmas* son como el espacio infinito». Hay que fijar la mente en ello y desarrollarlo. Una vez conseguido se alcanza la esfera de espacio infinito. Tras lograrlo hay que desarrollar el pensamiento: «La conciencia es como el infinito del espacio». Al cabo de cierto tiempo se alcanzará la esfera de conciencia infinita. Tras haber conseguido esas dos realizaciones y percibido que cuentan con objetos y están basadas sobre objetos, hay que desarrollar el pensamiento: «No hay nada que aferrar», llegando a realizar la esfera de la no-sustancialidad. Finalmente, tras observar que esas tres esferas tienen objetos, aunque sutiles, se puede desarrollar todavía más pensando así: «Aunque no existe percepción material, no hay ausencia de percepción sutil», realizando así la esfera de ni percepción ni no percepción. Esta última realización se denomina la cima del devenir.

Mediante este elemento carente de forma se extingue por completo el agregado de la forma, y sólo pueden percibirse los cuatro agregados mentales (*nama-skandha*). Aunque los subniveles hallados en el elemento-forma no están presentes en estas esferas carente de forma, también aquí nacen seres con vidas largas o cortas y con mayor o menor lucidez de acuerdo al poder del recogimiento desarrollado. Tras nacer en este reino carente de forma, se continúa practicando el recogimiento diligentemente (para alcanzar las esferas todavía no logradas), y si se expande el poder del propio recogimiento, puede dar como resultado los frutos especiales de estar asentado en una vida extremadamente larga en el reino carente de forma.

Virtudes y conocimientos especiales

La realización de las absorciones suele ser difícil, pero son de gran importancia, pues a través de ellas se obtienen virtudes y conocimientos especiales. Pueden obtenerlos tanto los budistas como los que no lo son, aunque estos últimos pueden llegar a considerarlos como fines en sí mismos (como bendiciones divinas, unión con Dios, milagros, etcétera), mientras que para los budistas sólo son un medio mediante el que alcanzar los "senderos" y "frutos" que se explicarán más adelante y que se experimentan tras el ejercicio de la sabiduría (*prajña*). Como esas diversas realizaciones preceden a los "senderos" y "frutos", aquellos que siguen las enseñanzas del Conquistador deben ser educados en su práctica y realización.

Mediante la práctica de los cuatro estados culminantes de las absorciones de la forma (*rupa-dhyana*), se realizan las cuatro ilimitadas (*apramana*) y los cinco poderes sobrenaturales (*abhijña*). En primer lugar, las cuatro ilimitadas son cordialidad, compasión, empatía y ecuanimidad (*maitri, karuna, mudita, upeksa*). Se denominan "ilimitadas" porque su objeto mental son "todos los seres". La cordialidad significa que se desarrolla amistad hacia todos los seres, y eso contrarresta los sentimientos de odio. La compasión se desarrolla al ver los sufrimientos de los demás, deseando compartir sus problemas y ayudarlos, oponiéndose a la actitud de indiferencia insensible. Empatía es la sensación de felicidad experimentada cuando se percibe la felicidad de los demás, tanto si se debe a ganancias materiales como a estados mentales, y así se vence la envidia. La ecuanimidad es necesaria en aquellas situaciones en las que no se puede cambiar nada y, por lo tanto, hay que permanecer ajeno. Su desarrollo conduce al desapego tanto del deleite de ver a un enemigo preso de la aflicción, como de la congoja ante el sufrimiento de amigos y familiares.

Los poderes sobrenaturales (*abhijña*) son varios poderes mundanos que surgen cuando se han practicado las cuatro absorciones de la forma. Estos poderes son cinco:

El ojo de la sabiduría

1. *Divyacaksu*, el ojo divino que es capaz de ver formas, incluso sutiles, tanto de lejos como de cerca.
2. *Divyasrota*, el oído divino con el que pueden escucharse sonidos aunque sean muy débiles y muy lejanos.
3. *Paracittajñana*, el conocer la mente de los demás, sabiendo lo que ocurre en las mentes ajenas.
4. *Purvanivasanusmriti*, "el recuerdo de las moradas pasadas"; es decir, el conocimiento de las vidas pasadas tanto de la propia continuidad como de las de otros, recordando detalles como lugar de nacimiento, nombre y posición de la propia familia y otros muchos detalles.
5. *Cyutyupapattijñana*, el conocimiento del momento de la muerte y del renacimiento de los seres que aparecen de acuerdo con su *karma*.

Estos conocimientos o poderes son peculiares del reino de la forma y no aparecen en el de la carencia de forma. No obstante, este último cuenta con sus propias peculiaridades, como el logro de la no-percepción (*asamjña-samapatti*) y la experiencia de la cesación (*nirodha-samapatti*). El primero está basado en la realización de la cuarta absorción y es un estado en el que cesan de existir todas las formas groseras de percepción. A continuación, con la cima del devenir como base, se puede iniciar la realización de la cesación, cuando la corriente y los *dharmas* mentales (*citta, caitta-dharma*) pueden detenerse por completo durante un tiempo determinado.

Es deber de todos aquellos que practican con ahínco las enseñanzas de los Tres Vehículos realizar los estados de recogimiento para dotarse con sus virtudes, y mediante una práctica más prolongada, desarrollar las ilimitadas, los poderes sobrenaturales y las realizaciones.

Así finaliza la descripción de la instrucción en supremo recogimiento.

III. La instrucción en suprema sabiduría
(adhiprajñasiksa)

Es la última de las tres instrucciones. Sabiduría (*prajña*) significa ese tipo especial de conocimiento mediante el que uno examina el *karma* beneficioso y el pernicioso. Aumenta a través de la práctica del desarrollo de la mente (*bhavana*). Tras su consumación se conoce como perfección de la sabiduría. Aquí habría que distinguir entre tres tipos de sabiduría:

1. *Paramarthaparicchedaka-prajña* (sabiduría que analiza lo supramundano o absoluto). Mediante este tipo de sabiduría se logra conocimiento –primero indirectamente–, de la ausencia de sí mismo-alma (*anatman*), pero cuando se completa dicha sabiduría se comprende *anatman* a través de la experiencia personal.
2. *Samvrittaparicchedaka-prajña* (sabiduría que analiza lo relativo). Mediante esta sabiduría se explican las cinco ramas del conocimiento, que son: *sabda-vidya*, el estudio del lenguaje; *hetu-vidya*, el estudio de la lógica; *adhyatmika-vidya*, el estudio de la religión; *cikitsa-vidya*, el estudio de la medicina; y silpa-vidya, el estudio de las artes y oficios.
3. *Sattvarthaparicchedaka-prajña* (sabiduría que analiza los beneficios de los seres). A través de esta sabiduría se realizan los beneficios de todos los seres, tanto de este mundo como de otros. Este tipo de sabiduría conoce los *dharmas* que son "hermosos de realizar" (*kalyanakaraka*) y los realiza de forma benéfica.

De estos tres tipos de sabiduría, la primera es la suprema. Por ello, hay que esforzarse en su perfección. La enseñanza de la carencia de sí mismo-alma (*anatman*) puede hallarse en todo el pensamiento y la práctica budista, y para explicarla existen diversos métodos, pero todos ellos conducen a la perfección de la sabiduría. Esta suprema sabiduría es la que reconoce la "carencia

El ojo de la sabiduría

de naturaleza propia" (*nihsvabhata*) como la verdad absoluta. Los maestros de la escuela Madhyamika Prasangika han realizado grandes esfuerzos para explicar con claridad esta enseñanza de la carencia de sí mismo-alma. La siguiente explicación seguirá, por tanto, las líneas trazadas por dichos maestros.

Debo volver a insistir en que la enseñanza de la carencia de sí mismo-alma está respaldada por todas las escuelas de pensamiento budista ya que todas reconocen de igual manera la creencia en el *atman*, que cree en una entidad-alma permanente, como raíz de todos los problemas. Suponer que las cosas existen independientemente, que cuentan con una "naturaleza propia", es la creencia en el *atman*, que a su vez es ignorancia. A causa de esta creencia en el *atman* vagan los seres en los reinos del nacimiento y la muerte. La creencia en el *atman* es, pues, la raíz del *samsara*, o el vagar por el ciclo de la existencia. No obstante, para aquel que está liberado, como en el caso de un *arhat*, esta creencia en el *atman* no existe (ya que ha penetrado la verdad del no-*atman*). Sólo es posible erradicar esta raíz de ignorancia mediante la visión profunda (*vipasyana*) denominada conocimiento del no-atman (*nairatmya-jñana*) *y sólo de esa manera*. Por lo tanto, es esencial que se desarrolle el aspecto más elevado de la visión profunda a fin de ver personalmente la verdad del no-*atman*.

El *no-atman* (o carencia de sí mismo-alma) tiene dos aspectos: el *no-atman* de la persona (*pudgala-nairatmya*) y el *no-atman* de los acontecimientos (*dharma-nairatmya*). Ambos se explican utilizando el término "carencia de naturaleza propia" (*nihsvabhava*), que quiere decir que tanto las personas como los acontecimientos que pueden analizarse carecen de naturaleza propia o sustancia. Ahora bien, si comprendemos primero el no-atman de las personas, será más fácil hacerlo con el de los acontecimientos.

A fin de establecer una comprensión racional del no-*atman* de la persona existen varios métodos explicativos, siendo el más importante "seccionar las creencias acerca de unicidad y no-unicidad" (*ekaneka-viyuktatva*), que se explicará a continuación bajo

La triple instrucción

los cuatro escabezamientos en sánscrito: 1) *nisedhya-viniscaya-marma*; 2) *vyapati-viniscaya-marma*; 3) *ekatva-viyukta-viniscaya-marma*, y 4) *anekatva-viyukta-viniscaya-marma*.

El primero se explica de la manera siguiente. El objeto negado es el concepto de sí mismo o alma. Pero es imposible negarlo a menos que primero contemos con el conocimiento de cómo la creencia en el *atman* conceptualiza la de un sí mismo-alma. Podría decirse que el *atman* puede ser negado tanto en sus formas sutil como grosera. Si sólo se niega la forma grosera del atman, entonces permanece intacto el aspecto sutil. Ahora bien, la creencia en el *atman*, tanto si se concibe como una entidad independiente llamada "atman" o sí mismo-alma, se decanta hacia el eternalismo, lo que significa que se cae en una creencia extrema, la del eternalismo (*sasvata-dristi*). Por otra parte, también hay que tener cuidado, porque si se niegan todos los objetos percibidos por los seis sentidos, entonces se aniquila la verdad relativa o convencional (la de que hay una persona viva que continúa de un día a otro, etcétera). Si se sigue por ese camino es posible estar aferrándose a otra opinión extrema: la del aniquilacionismo (*utcheda-dristi*).

En esta cuestión habría que evitar ambos extremos, y para lograrlo lo más conveniente es examinar esta creencia en el *atman*, que es la concepción de una entidad independiente. Esta creencia en el *atman* es de dos tipos, conceptualizada (*parikalpita*) e innata (*sahaja*). Creer en un *atman* basado en las diversas clases de sistemas filosóficos fraguadas por los creyentes en el alma se denomina la creencia en el *atman* conceptualizada. Este tipo de creencia está limitada a aquellos seres que creen en esos sistemas de pensamiento y, por lo tanto, no existe en todos los seres. No obstante, la aceptación de un "yo soy" de forma natural, sin tener que recurrir a conceptos filosóficos, se denomina la creencia innata en el *atman*, y está presente en todos los seres. Si la examinamos de cerca, descubriremos que este tipo de creencia en el *atman* considera el "yo" como una entidad independiente, como si no tuviese relación con los cinco agregados. *Al examinarlas, to-*

El ojo de la sabiduría

das esas creencias demuestran estar fundadas en los cinco agregados o en uno de ellos. Por lo tanto, creer en un atman *se lleva a cabo en términos de uno de dichos cinco agregados.*[71] Entender esta cuestión con claridad se denomina "reconocimiento de los objetos que hay que negar" (*nisedhya-viniscaya-marma*).

El segundo punto de vista es la existencia de un *atman* cuando se considera independiente. Entonces surge la cuestión de si forma parte (sin ser diferente) o no de los cinco agregados. Pero no existe nada fuera de ellos. Así que dicha cuestión es irrelevante.[72] Por ello, la "yoidad" no puede estar ni aparte de los cinco agregados ni tampoco no-aparte. Comprender esta cuestión se denomina "reconocimiento de lo uniforme" (*vyapati-viniscaya-marma*).

En tercer lugar, hay que considerar que si el sí mismo-alma (*atman*) y los cinco agregados son de la misma naturaleza (independientemente del hecho de que a la mente no desarrollada le parecen distintos), entonces será porque son uno y el mismo. ¿Por qué? Porque si fuesen realmente de la misma naturaleza, entonces esta supuesta auténtica naturaleza (no diferenciada) y esa supuesta naturaleza (percibida por la mente no desarrollada) sólo podrían parecer diferentes en la esfera de la verdad relativa, no existiendo diferencia entre la verdad relativa y la absoluta. Por esta razón hemos dicho que si el *atman* y los cinco agregados fuesen de la misma naturaleza, entonces no serían diferentes.

Si aceptamos que esas dos verdades no son diferentes, caeríamos en diversas falacias: 1) si no son diferentes, entonces un ser sería tantos seres como agregados existen (un ser humano que posea los cinco agregados poseería cinco *atmanes*). 2) De la misma manera, si un hombre poseyese un único *atman*, sólo habría un agregado. 3) Si los agregados tienen todos la misma naturaleza que surge y desaparece, entonces el *atman* (o sí mismo-alma) también surgiría y desaparecería. Así pues, de los diversos exámenes dialécticos se desprende que el *atman* y los cinco agregados no pueden ser la misma unidad autoexistente. Eso implica tener un conocimiento total del punto débil al seccionar la unicidad

La triple instrucción

(del atman y los cinco agregados), o en sánscrito: *ekatva-viyukta-viniscaya-marma*.

En cuarto lugar, como ya hemos negado la igualdad de un *atman* con los agregados, ahora deberíamos negar, dialécticamente, su total exclusividad. Si el *atman* fuese diferente por completo de los agregados, deberíamos verlo al examinarlo de cerca. Pero si son diferentes desde el punto de vista de la verdad relativa (como asume la mente sin desarrollar), entonces no pueden ser diferentes en la verdad absoluta (ya que la verdad absoluta siempre es una verdad que difiere de la relativa). Pero eso entraría en contradicción con la afirmación de que son totalmente diferentes.

En este alegato, tendríamos que aceptar que el *atman* y los agregados no tienen relación, siendo cosas totalmente distintas. Si ese fuera el caso, deberíamos aceptar que el *atman* está libre de las características de los agregados en términos de aparición, existencia y desaparición. Por ello, alguien que mantuviese este tipo de creencia sobre el *atman*, que este *atman* es totalmente distinto de los elementos de personalidad, debería demostrar que ese *atman* existe independientemente y que no guarda relación alguna con los cinco agregados, y eso es algo imposible[73] (pues todos los medios posibles de cognición de un *atman*, alma, sí mismo, etcétera, se encuentran dentro de los cinco agregados). Por lo tanto, no es correcto sostener la opinión de que el *atman* y los agregados son totalmente distintos. Eso se llama conocimiento total del punto débil al seccionar la opinión de no unicidad (del *atman* y los cinco agregados), o en sánscrito: *anekatva-viyukta-viniscaya-marma*.

Para alcanzar una comprensión de la carencia de sí mismo-alma (en la persona) hay que conocer las razones de por qué el *atman* y los agregados no son ni lo mismo ni diferentes.

Se puede llegar a comprender la carencia de sí mismo-alma de otra manera, a través del método dialéctico denominado *anupalabhi* (la imposibilidad de que se den las condiciones necesarias para demostrar el objeto). La carencia de naturaleza propia

103

El ojo de la sabiduría

del *atman* puede explicarse mediante la siguiente analogía: una persona sólo cuenta con dos lugares en los que buscar una vaca que cree perdida, pero tras realizar una búsqueda en profundidad, no la halla. Sabe que la vaca no puede estar en ningún otro sitio, por tanto, no tiene sentido considerar un tercer lugar, por lo se le hace aparente la inutilidad de su búsqueda y con ella queda al descubierto su suposición equívoca (la pérdida de la vaca). De igual manera, la supuesta existencia independiente del *atman* después de que uno lo ha buscado dentro y fuera de los cinco agregados, debe ser considerada como no-existente. *Creer en un* atman *(alma) independiente es en realidad resultado de la actividad mental*. Ese tipo de ideas acerca de un *atman* demuestran ser una ilusión y lógicamente inviables al seccionar las opiniones de unicidad y no-unicidad, de manera que se llega a *atma-sunyata* (vaciedad de *atman*), que es sinónimo de no-*atman* en la persona (*pudgala-nairatmya*). De esta manera dialéctica surge en alguien que practica la visión correcta de la práctica del Camino Medio.

Tras habernos dedicado brevemente al no-*atman* de la persona, explicaremos ahora el no-*atman* de los acontecimientos mentales (*dharma-nairatmya*). En general, cosas como una marmita son consideradas como si tuviesen una existencia independiente. En realidad, una marmita es el resultado de la combinación de un número de causas como arcilla, el alfarero, su esfuerzo, el calor y otras. Eso significa que su existencia depende de otros muchos factores distintos del producto acabado denominado "marmita", por lo que es fácil darse cuenta de que carece de existencia independiente. Si realmente fuese independiente, se habría autooriginado (*svayambhu*), pero tras examinar el asunto no hallamos nada relativo a ese tipo de naturaleza. Sin embargo, todos los *dharmas* experimentables que componen el mundo del que somos conscientes, son de una naturaleza similar a la marmita, teniendo necesidad de condiciones adicionales para su aparición y existencia. Este aspecto de la existencia es la prueba más importante de que la naturaleza de los *dharmas* también carece de na-

La triple instrucción

turaleza propia. De hecho, eso es una verdad absoluta. Aunque podamos sentir que los *dharmas* (los acontecimientos mentales) cuentan con un ser o naturaleza en sí mismos, la verdad absoluta revela que están vacíos de dicha naturaleza. Creer que la verdad de las cosas radica en la manera en que las percibimos (como entidades autoexistentes) se denomina la creencia en la sustancia de los *dharmas* (*dharmatma-dristi*), que equivale a asumir que la información que penetra a través de los sentidos es cierta. Pero a fin de conocer la verdad oculta (por impurezas mentales como *avidya*, ignorancia), los *dharmas* deben examinarse a la luz de los cuatro enfoques dialécticos aparecidos anteriormente. Al examinarlos de dicha forma, podemos deshacernos de la opinión autoimpuesta de que los *dharmas* cuentan con existencia en sí mismos, penetrando así la vaciedad esencial. Al penetrarla nos cercioraremos de que todo el mundo no es sino conceptualización, y su esencia relativa. Éste es el conocimiento por el que se realiza el no-*atman* de los *dharmas*.

Cuando se alcanza la correcta comprensión de la carencia de naturaleza propia tanto de personas como de *dharmas*, entonces el mundo en su conjunto se comprende en términos de causa y efecto, sujeto y objeto, dependiendo su existencia de múltiples causas. De hecho, el proceso que afecta tanto a las cosas vivas como a las no vivas puede comprenderse mejor estableciendo la verdad del no-*atman* de los *dharmas*. Puede llevarse a cabo verificando las opiniones sostenidas por otras personas respecto a los *dharmas* condicionados, de manera que se llegue a comprender el originamiento dependiente en términos del vacío.[74] *Cuando se percibe el originamiento dependiente como el vacío y el vacío como originamiento dependiente, entonces, con visión profunda, se percibe la esencia de todos los discursos del Buda.*

Pero para comprender el vacío (incluso intelectualmente) no parece ser suficiente la dialéctica del seccionar las creencias de unicidad y no-unicidad, y existen otros métodos dialécticos para reforzar el conocimiento de la verdad. Entre ellos están:

El ojo de la sabiduría

1) *Vajra-kana-yukti*, el método de la partícula-*vajra* que implica un examen en profundidad de los cuatro caminos condenables para demostrar que:

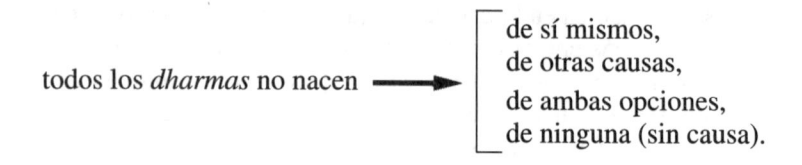

todos los *dharmas* no nacen ⟶
- de sí mismos,
- de otras causas,
- de ambas opciones,
- de ninguna (sin causa).

2) *Sad-asad-anupapatti-yukti*, el método de la verdad y no-verdad que consiste en examinar para refutar tendencias de:

   1. Asemejar la naturaleza de causa y efecto.
   2. Surgida de una causa ajena autoexistente.
   3. Surgida tanto de causas originales o de apoyo.
   4. Sin causa.

3) *Catuskotyutpadanupatti-yukti*, la cuádruple lógica que demuestra que la producción es no producida. Se lleva a cabo examinando la producción de todos los *dharmas*, condenando que:

   1. Una causa produce muchos efectos.
   2. Muchas causas producen un efecto.
   3. Muchas causas producen muchos efectos.
   4. Una causa produce un efecto.

4) *Pratitya-samutpannatva-yukti*, el método de la originación dependiente que procede mediante examen de todos los *dharmas* para demostrar que surgen dependientemente y, por tanto, son insubstanciales y carentes de un *atman*.

Mediante el ejercicio de esta dialéctica surge el conocimiento del profundo significado del vacío o del no-*atman*, y cuando se

La triple instrucción

obtiene dicho conocimiento, debe ser desarrollado y realizado mediante el recogimiento, que puede incluir o no la concepción de pensamientos (*sativarka, avitarka*), pues ésa es la manera en que se aplica la instrucción en suprema sabiduría.

Así finaliza la descripción de la instrucción en suprema sabiduría.

EL SENDERO

(marga)

La más elevada de estas supremas instrucciones es la de sabiduría, hemos expuesto algo de su naturaleza en la sección precedente. Ahora veremos brevemente la manera de practicar esta instrucción en sabiduría junto con virtud y recogimiento. Existen diversas aplicaciones de esta instrucción triple, dependiendo de la aspiración que se sigue, el sendero que se practica y el fin deseado. Por ello, describiremos el sendero de quien es discípulo (*sravaka*, literalmente: "oyente") y aspira a ser *arhat* ("quien es respetable" a causa de la destrucción de las impurezas); el sendero de alguien que desea convertirse en un buda silencioso (*pratyeka-buddha*, literalmente: "un buda solitario"), y finalmente en el del *bodhisattva* (un ser que realiza el voto de alcanzar la iluminación por el bien de todos los seres sensibles), que recorre el sendero que conduce al logro de la perfecta budeidad (*samyak-sambuddhatva*).

El vehículo (o sendero) de los discípulos
(sravakayana)

Este sendero cuenta con varias etapas, empezando con *sambharamarga* (el sendero de la acumulación). Se sabe que los seres enmarañados en la red del *karma* y las impurezas mentales vagan

El sendero

de un lado a otro en la Rueda del Nacimiento y la Muerte, existiendo temporalmente en muchas esferas de nacimientos, desde la más elevada, *bhavagra*, o la cima de la existencia, hasta la más inferior, *avici*, el infierno "sin tregua".[75] La rueda, que gira por causas (como la ignorancia y la codicia) y efectos (como las diversas formas de experiencias insatisfactorias, enfermedad, envejecimiento, muerte y nacimiento), es *duhkha* y está mancillada por la presencia de impurezas y deficiencias mentales. Hay que considerarla como una corriente de los agregados del apego (los cinco apegos impermanentes que conforman la personalidad que se aferra tratando de convertirlos en "uno mismo", *upadana-skandha*). El *duhkha* experimentado por los seres a causa de su apego es variado pero puede dividirse en:

1. *Duhkha-duhkhata* (sufrimiento por insatisfacción).
2. *Viparinama-duhkhata* (sufrimiento por deterioro).
3. *Samskara-duhkhata* (sufrimiento por conformaciones).

El primero significa dolor corporal y mental que se siente y que no puede ser más que insatisfactorio. El segundo es la naturaleza opresiva de todas las cosas condicionadas que están destinadas a cambiar y deteriorarse, mientras que el tercero significa la naturaleza insatisfactoria de todo lo que está formado o condicionado a causa del modo dependiente y precario de su existencia.

Quien practique el Dharma *debe aspirar a lograr un entendimiento claro de estas diversas categorías de* duhkha *y a percibir cómo le afectan personalmente*[76] de manera que no surja apego alguno respecto al mundo junto con un intenso deseo de obtener la libertad respecto a los bienes materiales. Cuando se siente la aparición de este deseo, y por tanto se obtiene ímpetu para alcanzar el objetivo, se denomina entrar en el sendero de la acumulación. De esta forma, uno se aparta de lo que no es el sendero y se adentra en el que conduce a la libertad. En el transcurso de la propia práctica se acumulan todos los méritos necesarios[77] para el gran viaje que se va a emprender.

El ojo de la sabiduría

Este primer sendero es triple, pudiendo dividirse en débil, mediano o fuerte de acuerdo a la propia práctica de contemplaciones como de lo impuro (*asubha-bhavana*, diseñada para remediar, por ejemplo, la atracción de una muchacha hermosa, pues si se tuviera que considerar lo que se denomina "hermoso" como un conjunto de huesos, sangre y otros elementos nauseabundos, entonces la lujuria o la mente codiciosa sería curada), concentración en la respiración (para curar una mente distraída) y otros aspectos de la atención plena (para ser consciente del Dharma en la vida cotidiana). Mediante su práctica, se van debilitando las creencias erróneas que aumentan las impurezas denominadas inversiones (*viparyasa*), aunque no acaban de ser totalmente destruidas. Las inversiones consisten en creencias (perceptivas, mentales y filosóficas) que consideran bello lo impuro, felicidad lo que es insatisfacción, permanente lo impermanente, y el estado de no-*atman* como dotado de alma. Como estas inversiones se debilitan, la mente de alguien que practica de esta manera no tiende a acumular riquezas materiales ni a deleitarse en ellas, sino que pierde el interés. Por el contrario, su mente avanza hacia la purificación y la necesaria destrucción de las impurezas que debe preceder a la libertad. Con esta práctica obtiene uno o algunos de los poderes sobrenaturales y es poseedor del poder de proyectarse en formas diferentes.

Prayogamarga, el sendero del esfuerzo, es la segunda de estas etapas. Cuando uno se halla insuflado con las virtudes del sendero de la acumulación, se avanza en el sendero que conduce a la libertad. A partir de entonces, quien esté en este sendero cuenta con virtudes que no dejan de aumentar, dotándose de otras nuevas que antes no poseía. En este segundo sendero se avanza a través de cuatro estadios denominados "ayudas a la penetración",[78] (*nirvedha-bhagiya*), que son ardor, pináculos, paciencia y *dharma* sublime.

En estos cuatro estadios sucede el desarrollo de sabiduría (que también puede denominarse *vipasyana*, o visión profunda), que penetra en las características generales de las Cuatro Nobles Verdades, por lo que esta sabiduría se va agudizando al progresar de estadio en estadio. Por ello, las tres características (de la existencia): impermanencia, insatisfacción y no-*atman* se van tornando cada vez más claras. Las cinco facultades beneficiosas (*kusalendriya*)[79] y los cinco poderes se manifiestan en uno de manera que se realizan muchas virtudes. De los cuatro estadios mencionados anteriormente, el primero de ellos, llamado "*dharma* supremo", es el estado final de la persona mundana no iluminada. Tras experimentarlo, uno inicia su caminar por los senderos trascendentes, uniéndose a la familia de los nobles (*arya*).

El tercer sendero es el sendero de la visión profunda, o *darsanamarga*, y está relacionado con ver, mediante visión profunda trascendente, las Cuatro Nobles Verdades en dieciséis aspectos diferentes.[80] En esta etapa se cuenta con visión directa de la carencia de naturaleza propia en las Cuatro Nobles Verdades, de manera que mediante este sendero de la visión profunda se destruyen todas las impurezas que deben ser destruidas, tanto si están relacionadas con los elementos mundanos del placer sensual, la forma o la carencia de forma. Estas impurezas son de tres tipos: la creencia de que el cuerpo es poseído por uno mismo (*satkayadristi*), el escepticismo (*vicikitsa*) y el apego a los votos y ritos (*silavrata-paramarsa*). De su destrucción surgen las virtudes especiales del que es noble, y desde el momento de su aparición, se es considerado un miembro de la joya del *sangha* (*sangharatna*). Las impurezas que se destruyen en el sendero de la visión profunda son adventicias (*agantuka-klesa*), mientras que las innatas (*sahaja-klesa*) no lo son todavía. Por esta razón, tras haber alcanzado el sendero de la visión profunda, se inicia la práctica de todo el Óctuple Noble Sendero, junto con el desarrollo mental del vacío.

El Óctuple Noble Sendero[81]
(arya-astangika-marga)

Los ocho factores de este sendero son los siguientes:

El ojo de la sabiduría

1) *Samyak-dristi*, comprensión perfecta, en la que pueden distinguirse dos etapas en el Noble Sendero: *samahita-marga*, cuando en un estado de recogimiento se perciben las Cuatro Nobles Verdades cara a cara, tras lo cual hay que integrar esa experiencia en la práctica de la vida cotidiana (*pristha-labdha-marga*).

2) *Samyak-samkalpa*, examen perfecto, a través del que se analizan las causas de la realización del vacío y sus características. Este vacío es la esencia de todos los discursos del Buda, mientras que el examen verifica los medios por los que otros pueden llegar a comprender.

3) *Samyak-vak*, palabra perfecta. Aunque el vacío no es múltiple (*nisprapañca*), y por tanto no puede expresarse en palabras, sí que se puede hablar de ello desde un punto de vista práctico. Esta palabra perfecta es la que hace que otros puedan saber acerca del vacío, enseñándoles tanto mediante la palabra hablada como escrita, de manera que puedan basarse en el conocimiento perfecto. Ello representa la libertad respecto al habla falsa.[82]

4) *Samyak-karmanta*, acción perfecta. Naturalmente, la conducta de aquellos que son nobles siempre está en armonía con el Dharma, de manera que este factor establece al practicante en los preceptos puros. También puede denominarse "acción corporal pura".

5) *Samyak-ajiva*, medios de subsistencia perfectos. Las personas nobles siempre tienen medios de vida puros, ya que su forma de vivir nunca es incorrecta. La conducta de aquel que es santo está libre de cualquier expresión corporal o verbal torcida, como exhibir sus virtudes frente a los demás.

6) *Samyak-vyayama*, esfuerzo perfecto, que es un tipo de desarrollo mental que utiliza la "sabiduría del pensamiento" para desarrollar la experiencia del vacío ya realizado.

7) *Samyak-smriti*, atención perfecta. Cuando las personas nobles alcanzan la calma y la visión profunda, sus principales objetos de reflexión e investigación son las Cuatro Nobles

El sendero

Verdades. La función de la atención plena es mantener esos objetos en sus mentes y no dejar que dichas verdades se pierdan. La impureza que provoca su olvido (o *musitasmriti*) se opone a este factor del sendero.
8) *Samyak-samadhi*, recogimiento perfecto. Este estado de puro recogimiento de la mente se opone y le libera a uno de las impurezas del hundimiento y la dispersión. Mediante este recogimiento perfecto, se avanza cada vez más por el sendero.

Este Óctuple Noble Sendero puede dividirse[83] en cuatro: cercenar, conocer, despertar confianza y oponerse (*avacchedaka, avabodhaka, visvasadhayaka*, y *pratipaksa*). De esta manera, la comprensión perfecta *cercena* las opiniones erróneas (*mithyadristi*) y penetra el vacío, siendo ésta la primera división. El examen perfecto ayuda a otros a *conocer* la verdadera naturaleza de la realidad. La palabra, la acción y los medios de subsistencia perfectos *despiertan confianza*, de modo que otros puedan practicarlos. Los tres factores últimos del sendero, esfuerzo, atención y recogimiento perfectos, se *oponen* a las impurezas mentales.

Bhavanamarga es el sendero del desarrollo. Mediante la práctica persistente de Óctuple Noble Sendero se entra en el sendero del desarrollo, donde se destruyen las impurezas con las que debe acabar el desarrollo mental. Existen dos métodos en este proceso: el "gradual" y el "súbito". En el primero, se van destruyendo gradualmente las impurezas groseras, medianas y sutiles adheridas, primero, a la esfera de los placeres sensuales, y luego las concernientes a cada una de las absorciones de la forma, y finalmente a las que se hallan en las realizaciones de la carencia de forma, finalizando en la cumbre de la existencia. Mediante el segundo método, quien practica este sendero destruye de golpe primero todas las impurezas más fuertes de todas las esferas, luego las medianas y, finalmente, las sutiles.

Cuando este sendero toma mucha fuerza al final de su práctica, la experiencia se denomina "el recogimiento semejante al diamante" (*vajropama-samadhi*). A través de este recogimiento se

El ojo de la sabiduría

entra en el *vimuktimarga*, o sendero de la libertad, convirtiéndose el practicante en *arhat*.

El vehículo de los budas silenciosos
(pratyekabuddhayana)

La forma de práctica para quien desea convertirse en un buda silencioso (literalmente: un buda para sí mismo, que no puede comunicar su iluminación a los demás), es muy parecida a la anterior, y también cuenta con cinco senderos y disciplinas. Las diferencias estriban en que ese mérito debe acumularse durante un período más extenso para asegurar su realización, mientras que la realización de la iluminación está centrada en la penetración de la originación dependiente en lugar de las Cuatro Nobles Verdades.

El gran vehículo
(mahayana)

Recibe ese nombre porque se empieza a recorrer con la idea de desembarazar de las impurezas a todos los seres. Este gran vehículo está divido en dos de acuerdo con la práctica: el vehículo de las perfecciones (*paramitayana*)[84] y el vehículo adamantino (*vajrayana*). Trataremos del segundo en una entrada separada, mientras que ahora describiremos brevemente el primero, que, al igual que el vehículo de los discípulos, cuenta con cinco senderos:

Sambharamarga, el sendero de la acumulación, empieza con la aparición de la *bodhiccita*, la mente determinada a alcanzar la iluminación, cuya causa es la compasión (*karuna*). Se manifiesta en un intenso deseo de liberar a los seres del sufrimiento. Si se experimenta, surge en uno el deseo de cargar sobre sus hombros con la tarea de conducir a todos los seres a la libertad:[85] a fin de colmar su aspiración una persona así de noble desea alcanzar la budeidad. Este deseo, carente de toda pretensión, de convertirse

El sendero

en un buda, se denomina *bodhicittotpada* (la aparición de la mente de iluminación). Tras haber tenido esa experiencia, a esos practicantes se les llama *bodhisattva* (un ser determinado a alcanzar la *bodhi*). En el mundo también pueden ser conocidos como grandes seres (*mahasattva*), hijo de los conquistadores, y demás, convirtiéndose en objeto de devoción por parte de los seres celestiales y humanos. Tan pronto como surge la *bodhicitta*, se entra en el sendero de la acumulación, donde se obtienen muchos méritos[86] y donde se tranquilizan muchas impurezas mentales. Este sendero de la acumulación es de tres tipos, por así decirlo: débil, mediano y fuerte. Cuando el sendero es fuerte, se alcanzan las etapas de realización de todas las absorciones y se poseen diversos poderes psíquicos y sobrenaturales (*riddhi, abhijña*). Como el *bodhisattva* los posee, le resulta fácil moverse entre los diversos *budaversos* (*buddhaksetra*), pudiendo ir a cualquier sitio que desee para rendir pleitesía a los innumerables budas que enseñan el Dharma.[87] Cuando este sendero es fuerte, un *bodhisattva* logra una clase especial de recogimiento llamado *srotanugata*, a través de cuyo poder puede trasladarse a diversos *budaversos* y escuchar las profundas y detalladas enseñanzas, pudiendo a continuación practicar en consonancia. Con estos poderes del sendero de la acumulación, el *bodhisattva* también obtiene una completa comprensión de todos los *dharmas*.

Prayogamarga, el sendero del esfuerzo. Se realiza este sendero cuando el *bodhisattva* alcanza la perfección tanto en la calma como en la visión profunda que tiene su objeto en el vacío. También aquí pueden hallarse las cuatro ayudas a la penetración, al igual que en el sendero de los discípulos. Avanza en las cuatro –ardor, pináculos, paciencia y *dharma* sublime– gradualmente mientras se va ganando visión profunda sobre el vacío de manera progresiva, empezando a desaparecer el dualismo sujeto-objeto, debilitándose la conceptualización acerca de todo ello. Mediante su esfuerzo en practicar durante todas las horas que permanece despierto tanto sabiduría como pericia en el método (*prajña-upaya*), el *bodhisattva* no ve los *dharmas* como substanciales, ni siquiera en sueños. Sea cual sea el estado en que los considere, percibe que son insubstanciales, que no tienen un *atman*. Mediante esta comprensión desarrolla el deseo de enseñar el Dharma a todos los seres. Al alcanzar los pináculos (*murdhana*), un *bodhisattva* puede destruir los obstáculos de los cuatro tipos que surgen como calamidades naturales debido a la acción de los cuatro grandes elementos (tierra, agua, fuego, aire),[88] junto con enfermedades y desgracias. También puede pacificar a seres que perjudican a otros.[89] Su don de palabra también es perfecto, es decir, que al hablar puede pacificar todos los obstáculos. Tras realizar el sendero del esfuerzo, queda asegurada la iluminación del sabio *bodhisattva*, es decir, es irreversible y no puede ya apartarse del Dharma. En esa etapa experimenta ciertos signos, conocidos como los *avaivartikalinga* (las marcas de la irreversibilidad), y cuenta con virtudes tan asombrosas que están más allá de toda posible descripción.

El tercer sendero, el de la visión profunda, *darsanamarga*, surge tras la experiencia de los *dharmas* sublimes (*agradharma*), cuando tiene lugar una realización clara del vacío. En este sendero también se encuentran las dos divisiones, de realización (*samahita*) y de integración en la vida cotidiana (*pristhalabdha*); el primero de ellos a su vez está dividido en otros dos: el *anantariyamarga*, que es el sendero que "sigue sin intervalo" por el camino del esfuerzo y los *dharmas* sublimes, y el segundo de ellos, el *vimuktimarga*, o sendero de la libertad. En el primero se destruyen impurezas y mediante el segundo puede mantenerse esta libertad. Las impurezas que se destruyen en este sendero son de dos tipos: las obstrucciones de las impurezas y del conocimiento. Quien haya practicado hasta alcanzar el nivel de este sendero está libre de los efectos del *karma*, así como del mancillamiento de las impurezas, y por ello liberado del *duhkha* normalmente relacionado con el nacimiento y la muerte. Como resultado, se alcanza una especie de recogimiento conocido como *sarvadharma-sukhangama* (todos los *dharmas* se experimentan como felicidad), mientras que todas las sensaciones desagradables de-

El sendero

jan de experimentarse como tales. El *arya* que ha alcanzado este recogimiento no sufre ni siquiera por causas que suelen generar mucho sufrimientos, como el fuego, las armas o el veneno, y siempre puede sentir felicidad.[90]

El cuarto sendero es el del desarrollo, *bhavanamarga*. En este sendero hay diez niveles en los que el *bodhisattva* practica para obtener, tras dichos diez niveles, la perfecta iluminación. Son los siguientes:

1. *Pramudita* ... gozoso
2. *Vimala* ... puro
3. *Prabhakari* ... radiante
4. *Arcismati* ... resplandeciente
5. *Sudurjaya* ... invencible
6. *Abhimukhi* ... dirigido hacia
7. *Durangama* ... de largo alcance
8. *Acala* ... inamovible
9. *Sadhumati* ... beneficioso
10. *Dharmamegha* ... la nube del Dharma

La duración del tiempo que un *bodhisattva* pasa en cada uno de esos niveles puede ser inmensa, viviendo a través de incontables vidas en el camino que conduce a la budeidad. Cuenta con muchas oportunidades para conocer a gran número de budas y escuchar sus enseñanzas, favoreciendo su avance por esos niveles. Durante este largo período, madura a la gente para la iluminación mediante las cuatro bases de simpatía: generosidad, habla moderada, conducta beneficiosa e imparcialidad[91] (*dana, priyavakya, arthakriya, samanarthata*). Cada nivel cuenta con sus propias características en las que no entraremos en esta obra introductoria. Bastará con decir que con su avance va adquiriendo virtudes cada vez mayores en número y calidad. Poder hacerse una idea clara de dichos poderes está más allá del alcance del pensamiento. Finalmente, tras avanzar a través de todos los niveles, un *bodhisattva* alcanza la nube del Dharma, en la que se cer-

El ojo de la sabiduría

cena la corriente más sutil de obstrucciones mediante el *vajropama-samadhi*, el recogimiento adamantino. Ésta es la última etapa del devenir que un *bodhisattva* atraviesa antes de alcanzar la budeidad. Más adelante hablaremos de las virtudes de un buda, que son supremas y múltiples.

El vehículo del diamante
(vajrayana)

Este vehículo es muy superior al de las perfecciones que hemos visto anteriormente, aunque los objetivos de ambos son los mismos, es decir, alcanzar la budeidad, y en eso no hay diferencia alguna. Pero sí que existe una gran diferencia entre estos dos vehículos en cuanto a la pericia en el método utilizada para dicho logro.

Cuando se consideran los dos aspectos del cuerpo búdico que resultan de la práctica del vehículo adamantino, entonces la diferencia resulta clara. Estos dos aspectos son *dharmakaya* (cuerpo de verdad) y *rupakaya* (cuerpo de la forma), y aunque ambos vehículos están de acuerdo en cuanto a la causa del primero, existen algunas diferencias respecto del segundo. El *dharmakaya* tiene su causa específica en la sabiduría de la *bodhiccita* que penetra en el vacío, y que también es la causa de la producción del rupakaya. No obstante, existe una diferencia fundamental respecto a la causa específica de este último, pues mientras que el vehículo *paramitayana* sostiene que es simplemente el resultado de la *bodhicitta* y de la acumulación de las seis perfecciones,[92] el *vajrayana* la atribuye a una profunda pericia en el método (*gambhirupaya*). Como existe esta diferencia en los métodos utilizados, en el *paramitayana* el curso de la práctica para la realización de la budeidad requiere de esfuerzo aplicado a lo largo de un inmenso número de vidas durante eones de tiempo, y por ello, según dicho vehículo, sería imposible convertirse en un buda en una única vida. Pero en el *vajrayana*, si se cuenta con un buen

El sendero

maestro y si las facultades están maduras, se puede alcanzar la budeidad tras unos cuantos años de esfuerzo.[93]

La causa específica, como hemos dicho anteriormente, del *rupakaya*, según el *vajrayana* –la profunda pericia en el método–, es realizada con la ayuda del *devayoga*[94] en los cuatro grados de los *Tantras*.[95] Estos cuatro grados están clasificados dependiendo de la mayor o menor inteligencia de los practicantes, pudiéndose ampliar las subdivisiones, mientras que las formas de instrucción prescritas son innumerables. Su naturaleza, formulación y los medios para explicarlas, junto con los diversos grados de fruición varían de acuerdo con la persona que va a ser instruida y sus facultades. Los detalles de esos sistemas de instrucción son explicados en privado por un maestro a los discípulos que ha aceptado.[96] Estos discípulos tienen las mentes maduras mediante la realización de una ceremonia de consagración (*abhisekha*), que les da la entrada al círculo de quienes practican el vehículo adamantino. Como esta consagración y práctica son de naturaleza personal, no las explicaremos aquí, y lo que sigue a continuación no será más que un breve resumen de la práctica *vajrayana* (no se pueden ofrecer detalles a causa de la estrecha relación existente entre el maestro y sus discípulos).

La persona que quiera practicar el camino de las instrucciones tántricas primero deberá estar dotada de desapego y renuncia, que son las bases comunes para todas las formas de práctica en el Buddhadharma.[97] Esa persona deberá también contar con bodhicitta.[98] Poseedora ya de cierta preparación, acudirá a un maestro que cuente con todas las marcas de competencia[99] y humildemente le pedirá ser consagrado e iniciado en el círculo de sus discípulos practicantes del *vajrayana*. *Tras recibir la consagración, deberá observar todos los preceptos, pues sólo sobre la base de una conducta virtuosa (*sila*) se puede avanzar por el sendero.*[100]

Mientras se practica el camino de los *Tantras*, hay que poner especial atención, primero, a *avabhasa-paksa* y en segundo lugar, a *sunyata-paksa*. La primera, que podría traducirse como el "ala de la efulgencia", significa que la mente se concentra por

El ojo de la sabiduría

completo sobre la forma gráfica del ser celestial[101] cuya práctica se ha emprendido. Mediante dicha práctica, se realiza el *rupakaya* de un buda. La segunda, llamada el "ala del vacío", es la experiencia de no ver nada excepto el vacío. Se trata de una etapa muy especial, cuando se experimenta la iluminación y que también es conocida como *mahamudra* (el gran sello). Para que la mente permanezca fija en este estado se debe obtener la ayuda especial de la pericia en el método (*upaya*), mediante la cual se conocen los canales (de fuerza espiritual, *nadis*) y los "vientos" (las fuerzas espirituales propiamente dichas, *prana*). A través de este conocimiento y práctica se realiza el *dharmakaya* de un buda.

Equipado con estas dos alas se es entonces como un ave que vuela por el espacio, dirigiéndose hacia la budeidad.

LOS CUERPOS DE UN BUDA

(buddha-kaya)

Como ya he explicado en las secciones anteriores, el fruto de la budeidad se realiza mediante el sendero mostrado en los *Sutras* y los *Tantras*. En esta sección sólo he ofrecido un esbozo del significado de la budeidad respecto a los diversos cuerpos utilizados por los budas, mientras que en la siguiente sección aparece una explicación sobre las virtudes (*guna*) de la mente, la palabra y el cuerpo de un buda.

Los cuerpos de un buda son cuatro y podrían explicarse de la siguiente manera:[102]

svabhavakaya	... cuerpo autoexistente
dharmakaya	... cuerpo del *dharma* o cuerpo de ... verdad
sambhogakaya	... cuerpo de gozo
nirmanakaya	... cuerpo de emanación

El *svabhavakaya* puede considerarse bajo dos aspectos que nos ayudarán a comprender la naturaleza del *dharmakaya*. Son el *agantuka-visuddha-dharmakaya* y el *svabhaba-visuddha-dharmakaya*. El primero de ellos es el puro cuerpo del Dharma, alcanzado mediante la destrucción de impurezas adventicias, mientras que el segundo podría traducirse como el cuerpo del Dharma au-

El ojo de la sabiduría

toexistente. Respecto al primero de ellos, ya ha sido considerado que en el décimo nivel, llamado la nube del Dharma, surge el recogimiento adamantino, mediante el que se destruyen para siempre todas las obstrucciones que impiden alcanzar el conocimiento profundo (*jñeyavarana*). A continuación, y de inmediato, se experimenta la entrada en el vimuktimarga, el sendero de la libertad, en el que no existen obstrucciones pues se destruyen las impurezas (*klesavarana*) que restan. Estos dos tipos de obstrucciones se llaman manchas adventicias (*agantukamala*), y cuando han sido destruidas se realiza *agantuka-visuddha-dharmakaya*.

En realidad, las mentes de los seres siempre son vacío, sin naturaleza propia. Esta vaciedad natural de la mente se denomina de varias formas: "el linaje del autoexistente", "el linaje de los budas", "la semilla de los budas", o "la matriz de los *tathagatas*", hallándose este último nombre en numerosas escrituras Mahayana. Este linaje búdico existe en la mente de todos los seres, y por esta razón todos los seres son capaces (dándose las condiciones adecuadas) de alcanzar la budeidad.

Tras practicar, cuando un *bodhisattva* alcanza la etapa final en que la mente está libre de las impurezas adventicias, se le torna claro el conocimiento de la no existencia de naturaleza propia, denominándose *svabhava-visuddha-dharmakaya*. Esta experiencia no puede hallarse en el estado falso de la mente, en el que las impurezas adventicias surgen continuamente, pudiéndose ver sólo en la etapa de la realización de la budeidad. No es impermanente, no está creado por causas y efectos, no está compuesto y, por lo tanto, no cambia.

Ver con claridad todos los *dharmas* que pueden conocerse tanto con el ojo de la verdad relativa como con el de la verdad absoluta, se denomina el *dharmakaya*, también conocido como el conocimiento omnisciente (*sarvajña-jñana*). Aunque es uno y no múltiple, puede ser visto de muchas maneras, por ejemplo, desde el punto de vista de las treinta y siete alas de la iluminación,[103] o a la luz del grupo de los veintiún conocimientos impolutos (*anasrava-jñana-varga*; véase más adelante, en virtudes de la mente búdica).

Los cuerpos de un buda

Ahora llegamos a la explicación del cuerpo de gozo (*sambhogakaya*). Ya he dicho que un *bodhisattva* pasa por diez estadios. Desde el octavo, el "inamovible", en adelante, se manifiesta un tipo de desarrollo especial, y las perfecciones practicadas en estos niveles se llaman el esfuerzo por la Tierra Pura (*ksetra-parisuddhi-prayoga*). Mediante esta práctica se produce la realización del cuerpo y el lugar del nacimiento del futuro buda. Los niveles octavo a décimo se denominan puros (*visuddha-bhumi*) porque en ellos la mente no se aferra a la naturaleza propia. Esta práctica es la principal causa del cuerpo de gozo, en el que han madurado las raíces meritorias para asegurar su lugar de nacimiento. El *sambhogakaya* se manifiesta en *akanisthaghana-vyuhaksetra* (el conjunto de nubes de la Tierra de los Más Grandes), y la realización de la budeidad por parte del *bodhisattva* tiene lugar en primer lugar en esa tierra. En este estado de budeidad existen cinco *dharmas* fijos, es decir, el lugar, cuerpo, séquito, el Dharma que enseña y el tiempo, son todos seguros. El *sambhogakaya* surge únicamente en esta Tierra, y por esa razón se dice que el lugar está fijado. La fijeza del cuerpo significa que posee las treinta y dos marcas principales y las ocho menores de quien es una gran persona. El cortejo fijo quiere decir que sólo lo componen *bodhisattvas* nobles, mientras que la fijeza del Dharma significa que siempre enseñan el gran vehículo. Mientras existe el vagar en el ciclo de la existencia (*samsara*), no muestran cambios en su cuerpo, como el envejecimiento, la muerte y otros. El cuerpo dotado con esos cinco *dharmas* fijos se denomina el "cuerpo de gozo", y es la base del "cuerpo de emanación".

Éste se llama *nirmanakaya* y no es poseedor de los cinco *dharmas* fijos sino que puede ser visto por los seres humanos comunes. En él se distinguen tres aspectos:

> *uttama-nirmanakaya*,
> *sailpika-nirmanakaya*, y
> *nairyanika-nirmanakaya*.

El ojo de la sabiduría

El primero de ellos, el cuerpo de emanación más elevado, está directamente relacionado con el cuerpo de gozo. Habiendo nacido en mundos diferentes como Jambudvipa,[104] este primer aspecto también posee las marcas principales y menores de una gran persona, como en el caso de Sakyamuni. También hay doce grandes acontecimientos portadores de bienestar para los humanos, que acontecen en el transcurso de la vida de un buda. Y son los siguientes:[105]

I   Salida del cielo Tusita del *bodhisattva* que pasa su última vida allí.
II Entrada en la matriz de la madre real mientras sueña con el elefante blanco de seis colmillos que desciende de los cielos.
III Nacimiento desde el costado derecho de la reina, mientras está de pie en el parque de Lumbini, en las afueras de Kapilavastu.
IV Educación en la que el joven *bodhisattva*-príncipe asombra a sus maestros con sus inmensos conocimientos.
V   Disfrute de los privilegios reales en los palacios, rodeado por todo lo que es hermoso y sin mácula.
VI Salida por Kapilavastu y encuentro con la vejez, la enfermedad, la muerte y el mendicante religioso, y al sentirse conmovido por ello, dedicación a la vida sin hogar.
VII Práctica de austeridades durante seis años en las orillas del río Nairañjara, cerca de Gaya.
VIII Dirigirse al árbol del *bo* y sentarse bajo él (en el lugar conocido como el Trono del Diamante [*vajrasana*], en Bodhgaya).
IX Sumisión completa de Mara (la personificación del mal) en ese lugar.
X   Realización de la iluminación perfecta durante la luna llena de *vaisakha* (normalmente abril-mayo).
XI Poner en movimiento la Rueda del Dharma por primera vez (en el parque de los ciervos, en las afueras de Varanasi) para enseñar a los cinco ascetas la víspera de la luna llena de *asadha* (la segunda luna llena después de *vaisakha*).

Los cuerpos de un buda

XII El mahaparinirvana, la "gran extinción total" (en Kusinara). Todos éstos se consideran actos del Buda, aunque en realidad los dos primeros acontecimientos datan de su vida anterior como *bodhisattva*.

El segundo aspecto del cuerpo de emanación, *sailpika-nirmanakaya*, es una forma especialmente creada y forjada de manera suprema. Tenemos un ejemplo de ello en la historia del orgulloso *gandharva* o bardo celestial a quien Sakyamuni sometió apareciéndose ante él como un maestro lutiense.[106]

El *nairyanika-nirmanakaya* o tercer aspecto del cuerpo de enamación significa que un buda puede nacer en la forma de otros seres, como cuando, por ejemplo, el Buda, antes de nacer como hijo del rey Suddhodana, nació como ser celestial en el cielo Tusita con el nombre de Sacchavetaketu.[107]

De los cuatro cuerpos anteriores, el *svabhavakaya* y el *dharmakaya* no pueden ser vistos por los seres humanos ordinarios, mientras que el *sambhogakaya* y el *nirmanakaya* pueden ser percibidos por ellos de acuerdo con sus méritos, y por tanto son para el beneficio del mundo.

Los cuatro cuerpos pueden considerarse tres si el *svabhavakaya* y el *dharmakaya* se denominan colectivamente *dharmakaya*, a la vez que los tres resultantes también pueden reducirse a dos combinando el *sambhogakaya* y el *nirmanakaya* y considerando ambos como *rupakaya* (el cuerpo de la forma).

LAS VIRTUDES DE UN BUDA

(buddhaguna)

Ahora bien, un buda, en el aspecto forma-cuerpo, cuenta con virtudes numerables, pero todas ellas pueden agruparse bajo cuatro encabezamientos: las del cuerpo, palabra, mente y *karma*. En la explicación que viene a continuación sólo las repasaré brevemente.

Virtudes corporales. Las treinta y dos marcas de una gran persona, como la rueda dorada en el empeine del pie, y las ochenta marcas menores –por ejemplo las uñas rojas como el cobre–, se encuentran entre las virtudes corporales. Las bases de la iluminación pueden echar raíces en un ser con sólo ver un cuerpo decoradas con ellas. La forma corporal de los seres no iluminados, que es "un conjunto de agregados polucionados" (*sasrayaskandha*), no tiene las treinta y dos o las ochenta marcas que comprende una forma que encarna la omnisciencia (*sarvajñata*). Cada una de estas marcas, incluso cada cabello, puede penetrar hasta el auténtico conocimiento de todo objeto cognoscible.

Además, un buda puede mostrar diversas clases de manifestaciones corporales en los variados sistemas de mundos. Puede ir a nacer en un *budaverso* (universo búdico), poner en movimiento la Rueda del Dharma en otro, y en otro distinto mostrarse en el camino del *bodhisattva*, mientras que en un cuarto puede ser visto realizando la "gran extinción total", y es mediante esos hechos

Las virtudes de un buda

como los seres susceptibles de ser instruidos se establecen en el verdadero sendero. Se dice que los budas pueden mostrar los cuerpos y hechos de todos los budas del pasado, presente y futuro en cada poro de sus cuerpos, y también toda la secuencia de sus propias vidas mientras eran *bodhisattvas* en cada poro.

Virtudes verbales. La expresión verbal de un buda es amable, atractiva y beneficiosa porque hace surgir y desarrollar las raíces de la destreza según la capacidad de los seres individuales.[108] Se llama amable porque al escuchar su habla la mente se ve permeada de gozo. También se denomina hablar con sabiduría porque a través de ella se establece la doble verdad, el originamiento dependiente y demás. También se dice que es un deleite para la mente porque expresa el Dharma con claridad. En total existen sesenta y cuatro virtudes relativas a la expresión verbal de un buda, que colectivamente se llaman *brahmasvara*, el sonido divino, y que pueden hallarse en cada alocución, frase y palabra. La característica más especial es que cuando un buda está enseñando, los seres celestiales, los dragones y demonios, los bardos celestiales y todas las tribus humanas le entienden en su propia lengua. Éstas son algunas de las virtudes verbales de un buda.

Virtudes mentales. Son de dos tipos, las relacionadas con la sabiduría y las que lo están con la compasión. Como ya explicamos anteriormente en la sección dedicada al *dharmakaya*, existen veintiún conocimientos impolutos entre los que, sin embargo, algunos son compartidos por las escuelas de los discípulos y los budas silenciosos, que son características de los perfectamente iluminados. En esta sección pasaremos por alto los que son comunes a estas dos escuelas y trataremos sólo de los que poseen los budas perfectos. En primer lugar están los *diez poderes* de un buda (*dasabala*).[109]

I. 1. *Sthanasthana-jñana*: este poder es el conocimiento de las causas que producen la aparición de fenómenos (*sthana*), así como de las causas que no producen una cosa particular (*asthana*).

El ojo de la sabiduría

2. *Karmavipaka-jñana*: mediante este conocimiento un buda conoce hechos meritorios, perniciosos (*kusala, akusala*) y otros grupos de *karma* junto con sus resultados, cómo son cometidos y cómo afectan a los implicados.
3. *Dhyana-vimoksadi-jñana*: este conocimiento le sobreviene a un buda que ha tomado las absorciones de la forma y la carencia de forma como bases, llegando así a conocer las diferencias más sutiles de las diversas etapas y liberaciones.
4. *Indriya-parapara-jñana*: a través de este conocimiento, un buda conoce las facultades agudas, medias y embotadas de los seres instruibles.
5. *Nanadimukti-jñana*: de los diferentes seres instruibles, un buda conoce mediante este conocimiento las inclinaciones individuales influenciadas por la codicia, la aversión y la ignorancia.
6. *Astadasa-dhatuprabhedadi-jñana*: un buda conoce el análisis de los *dharmas* en los dieciocho elementos merced a este conocimiento (véase agregados, entradas y elementos).
7. *Bhava-samasarvatragamini-pratipad-jñana*: desde los niveles más bajos de los estados inferiores de existencia (*apaya-bhumi*) hasta la cima de la existencia (*bhavagra*) hay muchos niveles llamados "bhumi", mientras que más allá de este devenir se halla el reino y la libertad de los *aryas*. Y de todo ello, de lo mundano y lo supramundando, tiene conocimiento un Buda.
8. *Purva-nivasanusmriti-jñana*: a través de este conocimiento, los budas conocen las vidas pasadas de los seres.
9. *Cyutyupapatti-jñana*: este conocimiento permite a un buda conocer el nacimiento y la muerte de los seres según su karma.
10. *Asravaksaya-jñana*: un buda no está mancillado por obstrucciones o impurezas, ni siquiera por las del conocimiento y, por ello, conoce tanto su propia destrucción de las contaminaciones (asrava, de la sensualidad, de la exis-

Las virtudes de un buda

tencia, de la ignorancia y de las opiniones) y las de los demás, tanto ahora como en el futuro.

II. Las *cuatro confianzas de un buda* (*caturvaisaradya*) conforman otro importante grupo de virtudes mentales.[110] Respecto a éstas, un buda, durante su enseñanza o en cualquier acción corporal o verbal, tiene una confianza perfecta, sin dudas ni temor a ser criticado, y por esta razón se le denomina "poseedor de suprema confianza" (*vaisaradya-prapta*). Igual que en el caso del Buda Sakyamuni, existen cuatro declaraciones que realiza con suprema confianza, de las que derivan esta lista de las cuatro confianzas:

1. *Sarva-dharmabhi-sambodhi-pratijña-vaisaradya*. El Buda proclamó: «He penetrado en la iluminación respecto a todos los *dharmas*», y al declararlo no temió ninguna razonable condenación por parte de quienes desean refutarlo.

2. *Sarvasravaksaya-jñana-pratijña-vaisaradya*. El Buda proclamó: «He logrado la destrucción de todas las contaminaciones», y al declararlo no temió ninguna razonable condenación por parte de quienes desean refutarlo.

3. *Antarayika-dharmavyakarana-pratijña-vaisaradya*. El Buda proclamó: «He anunciado que los *dharmas* obstructores (como codicia, aversión e ignorancia) son obstrucciones», y al declararlo no temió ninguna razonable condenación por parte de quienes desean refutarlo.

4. *Nairayanikapratipadvyakarana-pratijña-vaisaradya*. El Buda proclamó: «He anunciado (la perfecta comprensión de las Cuatro Nobles Verdades como) el sendero de práctica que lleva fuera (de *duhkha* a nirvana)». El Buda expuso este sendero fruto de su compasión por todos los seres instruibles. Al declararlo no temió ninguna razonable condenación por parte de quienes desean refutarlo.

III. Las tres *claras percepciones* (*asambhinna-smrityupasthana*)[111] son otro grupo de virtudes mentales y significan que,

El ojo de la sabiduría

mientras enseñaba, el Buda tenía una mente clara en tres aspectos:

1. *Susrusamanesu-samacittata*: mientras enseñaba el *Buddhadharma* tenía una mente imparcial (sin apego) respecto a todos los discípulos que escuchaban atentamente y con un corazón confiado.
2. *Asusrusamanesu-samacittata*: respecto a quienes no escuchaban respetuosamente y carecían de confianza, el Buda también tenía una mente imparcial (sin ninguna aversión presente).
3. *Susrusasusrusamanesu-samacittata*: mientras enseñaba a una audiencia entremezclada formada por quienes escuchaban bien y los que no ponían atención, en el Buda no surgía aprecio por los primeros ni aversión por los segundos, sólo una mente imparcial.

IV. También existe el grupo de los tres *dharmas manifiestos* (*agupta-dharma*).[112] Al igual que el Buda no hizo nada a través de las puertas del cuerpo, el habla o la mente que fuese censurable, no tenía intención de ocultar nada que hiciese con el pensamiento para que otros no se enterasen. Sus acciones a través de las tres puertas estaban abiertas y eran evidentes, por eso se llaman los tres *dharmas* manifiestos.

V. La **ausencia de olvido** (*nasti-musita*) también es otra virtud mental. Eso significa que el Buda siempre recuerda a las personas, y los momentos y lugares en que los seres pueden ser ayudados, y al poseer este conocimiento se les acerca en el momento y lugar adecuados, manifestando el Dharma con las palabras adecuadas.

VI. Otro tipo de virtud mental que debe mencionarse es *samyak pratihata-vasanatva*, que significa que en la mente de un buda, todas las tendencias (*vasana*) pertenecientes a los

Las virtudes de un buda

dos tipos de obstrucciones (*avarana*) están destruidas por completo.

VII. *Mahakaruna* o *gran compasión* significa que en la mente búdica sólo está el pensamiento: «A quién puede amansar y poner en el camino correcto» (de la perfecta comprensión).

VIII. A continuación deberíamos considerar un grupo muy importante de *dharmas* conocido como las dieciocho *virtudes especiales de un buda* (*avenika-buddhaguna*), que no pueden encontrarse ni en los discípulos ni en los budas silenciosos, ya que pertenecen a los budas perfectos. Entre ellas existen cuatro categorías, seis en la de conducta (*carya*), seis en la de iluminación (*bodhi*), tres en la de *karma*, y las tres últimas hacen referencia al conocimiento (*jñana*).

1. N*asti-tathagatasya-skhalitam*: para un *tathagata* no existe el miedo a los ladrones, animales, etcétera, tanto si vive en la ciudad como en el bosque.
2. *Nasti-ravitam*: un buda no se ríe o queja en ocasiones como tomar el camino correcto o perderse. No hace ruidos infantiles ni exclamaciones.
3. *Nasti-musitasmritita*: nunca olvida lo que hay que hacer, ni el momento ni el lugar, realizándolo todo en el momento oportuno.
4. *Nasti-asamahitacittam*: tanto si ha entrado en absorción como si no, su mente siempre está establecida en el vacío.
5. *Nasti-nanatva-samjña*: no percibe la diferencia entre la cualidad pervertida del *samsara* y la apacibilidad del nirvana, ni conceptualiza sobre esta cuestión.
6. *Nasti-apratisamkhyopeksa*: no es indiferente a la enseñanza en el momento y lugar adecuados cuando la persona apropiada se halla presente.
7. *Nasti-chandahanih*: siempre desea que la lluvia de su afabilidad y compasión caiga de manera regular y continuada sobre los seres que sufren.

El ojo de la sabiduría

8. *Nasti-viryahanih*: aunque los *budaversos* son tan numerosos como los granos de arena a orillas del Ganges, los budas son tan energéticos que si existe aunque sólo sea una persona que se pueda beneficiar, uno de ellos acudirá a ofrecer su ayuda sin ninguna merma de su energía.
9. *Nasti-smritihanih*: siempre es capaz de recordar el funcionamiento de la mente de otros y de utilizar la pericia en el método (*upaya*) para situarlos en el camino, demostrando así que un buda no sufre merma alguna de la capacidad de la memoria.
10. *Nasti-samadhihanih*: cuenta con una mente para siempre concentrada y basada en la esencia de todos los *dharmas* (vacío). Gracias a esta virtud nunca está separado de su penetración de la naturaleza de la realidad.
11. *Nasti-prajñahanih*: en los seres hay muchos tipos de impurezas que deben ser destruidos, por las que un buda, gracias a su sabiduría, expone las 84.000 secciones del Dharma, aunque no por ello se agota su sabiduría.
12. *Nasti-vimuktihanih*: un buda ha alcanzado la liberación del cese de todas las instrucciones y nunca puede caer de dicho estado de libertad.

    Estos seis *dharmas* especiales pertenecen a la categoría de la bodhi.
13. *Kaya-karma*: irradiar luz del cuerpo y la atención constante de las cuatro posiciones (*iryapatha*) -andar, permanecer de pie, sentarse y acostarse- constituyen el *karma* corporal de un buda.
14. *Vak-karma*: conociendo las diferentes inclinaciones de los seres, un buda pronuncia el Dharma de acuerdo a ellas. Ése es el *karma* verbal de un buda.
15. *Cittakarma*: el *karma* mental de un buda es morar continuamente en la afabilidad y la compasión. Los tres *dharmas* anteriores pertenecen a la categoría del *karma*.
16-18. Los últimos tres están relacionados con la penetración sin impedimentos de los *dharmas* del pasado, presente y futu-

Las virtudes de un buda

ro por parte de un buda sin apegarse a ninguno de ellos. Estos tres, relativos al conocimiento de todos los tiempos, pertenecen a la categoría del jñana o conocimiento.

XI. *El conocimiento omnisciente (sarvajña-jñana).*[113] Aquí, la palabra "sarva" significa los agregados, entradas y elementos, pues aparte de ellos no hay ningún otro *dharma*. Un buda cuenta un conocimiento directo de ellos, no mediante la reflexión o especulación. Eso es lo que se denomina conocimiento omnisciente y, como conoce el todo, se le denomina conocedor del todo. Respecto a este conocimiento, un buda cuenta con virtudes ilimitadas y maravillosas, difícil de describir de manera correcta.

Ya he dicho anteriormente que las virtudes mentales de un buda eran de dos clases: las pertenecientes al conocimiento y las de la compasión. De los nueve grupos esbozados hasta aquí, veintiuna virtudes pertenecen al conocimiento (todas las de los grupos I, II, y III, además de las tres últimas de VIII y IX). Ahora continuaremos explicando la gran compasión.

El tramo existente desde el sendero de la acumulación hasta el recogimiento adamantino del sendero del desarrollo, se denomina en conjunto el sendero de la instrucción (*saiksamarga*) porque un *bodhisattva* necesita instrucción en todos esos niveles para su avance continuo. Mientras progresa en ese sendero de la instrucción, un *bodhisattva* desarrolla gran compasión una y otra vez, ayudando así tanto a los seres como a su avance hacia la budeidad. Con el despliegue completo de esta gran compasión sucede la realización de la iluminación perfecta, y por esa razón al Buda se le llama el "gran compasivo". Esta realización también se denomina el camino de la no-instrucción (asaiksa-marga), es decir, no se necesita realizar más esfuerzo para ser instruido. La compasión fluye de manera natural y sin esfuerzo cuando alguien iluminado ha percibido el sufrimiento de los seres, que realmente es innumerable. Tanto los seres como las múltiples experiencias de *duhkha*

El ojo de la sabiduría

son demasiado numerosos para poder contarlos, no existiendo límite para ninguno de los dos, al igual que no hay límite para el cielo. Tanto en el pasado, como en el presente, o entre los seres que surgirán en el futuro, todos hemos experimentado, experimentamos y experimentaremos *duhkha* en una u otra forma. Un buda, que conoce a todo esos seres, les convertirá en el objeto de su gran compasión, irradiando permanentemente esa compasión sin esfuerzo para que el mundo se beneficie sin obstrucciones.

Tras haber repasado tres tipos de virtudes búdicas, llegamos ahora al cuarto y último grupo:

> *Virtudes kármicas*. Las virtudes supremas y especiales del *karma* de un buda pueden dividirse en dos categorías: *nirabhoga-karma* (*karma* no considerado) y *avicchinna-karma* (*karma* no interrumpido).

La primera de ellas, literalmente "la acción que no es considerada", significa que carece de esfuerzo y que se realiza de acuerdo a la naturaleza de las circunstancias. Aunque un buda ejerce las cuatro posiciones (corporales) y los poderes psíquicos, no tiene necesidad de realizar esfuerzo para ello. No obstante, su propósito es que al observarlos, los seres humanos instruibles experimenten el advenimiento de la *bodhicitta*.

En la mente de un *tathagata* no aparece el pensamiento: «Debo enseñar a esta o a aquella persona, este o aquel tipo de Dharma»,[114] sino que dependiendo de las inclinaciones de los seres humanos instruibles, son muchas las enseñanzas que fluyen de manera natural. Ésa es una característica especial de este tipo de *karma*.

En la mente de un buda no surge ningún pensamiento que le sugiera que debería beneficiar a los seres del mundo, pero a causa de las virtudes de su gran compasión sitúa a los seres humanos en las raíces auspiciosas y, por lo tanto, les beneficia tanto de forma mundana como supramundana. Ésta es otra característica de su *karma* carente de esfuerzo.

Las virtudes de un buda

Debe comprenderse que cuando las personas comunes realizan acciones corporales o verbales, están ciertamente precedidas por el pensamiento que conduce a su realización. Lo cierto es que sin dicho pensamiento previo no pueden llevarse a cabo acciones no intencionadas. En cuanto a quien practica y progresa en el sendero de la instrucción, la cantidad de esas consideraciones previas va disminuyendo de manera continua al ir pasando por los diversos niveles. Hasta el octavo nivel, esas consideraciones previas todavía aparecen en forma grosera, pero del octavo al décimo, ese tipo de reflexiones se calman y dejan de surgir como, por ejemplo, cuando un *bodhisattva* enseña a otros. Así pues, se obtiene el bien para el mundo de manera carente de esfuerzo en los tres últimos niveles aunque todavía puedan perdurar esas consideraciones sutiles antes de la realización de los *karmas* corporal y verbal, y por ello no pueden llamárseles "no considerados". Mientras persisten las obstrucciones al conocimiento (*jñeyavarana*) todavía existen pensamientos de tipo sutil que preceden a la acción, pero cuando dichas obstrucciones se han destruido por completo en el décimo nivel, entonces el flujo de este *karma* no-considerado carece de impedimentos.

La segunda de las virtudes kármicas, denominada la ininterrumpida, se llama así porque las acciones de un buda fluyen sin interrupción. Para explicar este punto podríamos considerar la instrucción desde otro punto de vista, el de las dos cargas acumuladas por un *bodhisattva*. Son la carga de los méritos y la del conocimiento (*punya-* y *jñana-sambhara*). Bajo la primera carga se hallan agrupadas cinco de las seis perfecciones, mientras que la sexta, la perfección de sabiduría, constituye la segunda carga. Mediante la primera carga de méritos se realiza el cuerpo de forma de un buda, mientras que la segunda del conocimiento conduce a la realización del cuerpo dhármico. A partir de la acumulación regular de estas cargas a través de los distintos niveles, un *bodhisattva* alcanza la realización de la budeidad, tras la cual existe un flujo continuo de *karma* (de los infinitos recursos acumulados).

El ojo de la sabiduría

El elemento mental (*citta-dhatu*), también llamado matriz del *tathagata* (*tathagata-garbha*), es inmaculado por naturaleza pero está cubierto por impurezas y sus tendencias (*klesa, vasana*), que son adventicias.[115] Por esta razón, su destrucción es posible, no imposible. A causa de su gran compasión, el Buda mostró los caminos y medios por los que deshacerse de todas las impurezas mental. Éste es el flujo de *karma* ininterrumpido del Buda que surge de su compasión.

> *Habiendo expuesto brevemente*
> *   la doble verdad*
> *las tres colecciones de conocimientos sagrados*
> *   la triple instrucción,*
> *el sendero de la práctica en los tres vehículos*
> *   y*
> *el cuádruple cuerpo búdico con sus virtudes.*
> *   Llegamos a la conclusión.*
> *Que este libro ayude a la difusión del conocimiento*
> *   del* Dharma *del Buda*
> *   por las cuatro esquinas del mundo*
> *y que todas las personas reciban sus beneficios.*

Finalizada la traducción de este libro en Wat Bovoranives Vihara, Bangkok, en el auspicioso día de Pavarana (día de la exhortación), en la luna llena de *assayuja*, 2509 años después del Gran Parinibbana.

(29 de octubre de 1966)

NOTAS

(Las notas señaladas con una "H" son traducciones de la edición en hindi)

1. H. El examen de los *dharmas*, acontecimientos de experiencia sensorial y mental, es en sí mismo sabiduría que conduce a una sabiduría mayor (*prajña*), de manera que la experiencia es entendida en términos de beneficiosa, perniciosa (*kusala, akusala*), mundana, supramundana (*laukika, lokottara*) y otros conjuntos de opuestos y clasificaciones. Cuando se desarrolla por completo esta sabiduría es lo que va más allá (al nirvana) y se la llama *prajña-paramita*. Ésta es la sabiduría de los budas. En la tradición budista siempre aparece esa salutación en la primera página de un libro que explica las enseñanzas del Buda para demostrar respeto, la comprensión analítica o la sabiduría que conduce más allá.
2. H. SILA-KALA: la duración total de la instrucción del Buda Gautama se dice que es de 5.000 años, y los eruditos han dividido este período en diez secciones de 500 años cada una:
    I. La de que entre quienes practican el Dharma hay muchos que se convierten en *arhats*, por eso recibe el nombre de era de los *arhats*.
    II. La de que entre quienes practican el Dharma hay muchos que se convierten en *anagami*, por eso el nombre de era de los que no retornan.
    III. La de que entre quienes practican el Dharma hay muchos que se convierten en *srota-apanna*, por eso el nombre de era de los entrados en la corriente.

Las tres anteriores comprenden 1.500 años y se conocen en conjunto como la era de la iluminación (*bodhi-kala*).

    IV En la que las personas generalmente poseen mucha sabiduría (*prajña*): era de sabiduría.

Notas

    v En la que las personas generalmente poseen mucho recogimiento (*samadhi*): era de recogimiento.

    vi En la que las personas poseen mucha virtud (*sila*): tiempo virtuoso. Estas tres se denominan el era del esfuerzo (*sadhana-kala*).

    vii En la que las personas están interesadas en el *Abhidharma*: era del Abhidharma.

    viii En las que las personas están interesadas en la Colección de los *Sutras*: era de los discursos.

    ix En la que las personas están interesadas en el *Vinaya*: era de la disciplina. Estas tres se denominan la era de las escrituras (*agama-kala*).

    x *Jina-matradharana*: en este período se han perdido casi por completo el conocimiento y la práctica, y las personas se revisten únicamente de los símbolos de la vida santa mientras llevan una existencia indigna.

(Aunque las clasificaciones de este tipo también pueden hallarse en los comentarios Theravada, no se encuentran en los Discursos del Canon Pali, donde el espíritu predominante es más bien: «Si se practica con ahínco y correctamente, se puede alcanzar lo más elevado», sea cual sea la era en la que se viva. En cuanto a una obra en pali sobre la decadencia gradual de la enseñanza véase el (no canónigo) *Anagatavamsa* (*Crónica del futuro*) parcialmente traducida en *Buddhist Texts*, editada por E. Conze).

3. H. En este *bhadrakalpa* o eón auspicioso aparecerán 1.008 budas en la forma del cuerpo de emanación (*nirmanakaya*) en Jambudvipa (tierra de las manzanas jugosas, es decir, la India, pero en principio significa el continente meridional en la antigua geografía india de los cuatro continentes). Antes que Gautama ya hubo tres: Krakucanda, Nanakamuni y Kasyapa, siendo Gautama el cuarto, por lo que restan 1.004 para el futuro (en el Theravada, el eón auspicioso cuenta con cinco budas: los tres anteriormente citados son los budas del pasado, Gautama el del presente, y el *ariya* Metteyya,* que es un *bodhisattva* en el reino celestial de Tusita, es el único buda del futuro. Otras fuentes en pali nombran a otros budas del pasado y del futuro pero no de este eón).

4. *DHARMA*. Una palabra con muchos significados. De la raíz "dhr", que tiene el sentido de sostener, Dharma es, pues, lo que sostiene los propios esfuerzos cuando se practica de acuerdo con él. El Dharma es la Ley, es decir, la Ley que gobierna la aparición, existencia y desaparición de todos los fenómenos físicos y psicológicos. El Dharma también es la forma tradicional de designar la enseñanza del Buda.

---

*   Arya Maitreya en sánscrito.

Notas

5. DUHKHA. Un término muy importante. A menudo se traduce como "sufrimiento", y por ello no es del todo adecuado, por lo que hemos preferido el término "insatisfacción", más exacto, o bien lo hemos dejado sin traducir. *Duhkha* puede ser físico (dolor) o mental (angustia), y se refiere a los factores de "nacimiento, vejez, enfermedad y muerte", a los tan comunes "aflicción, lamentación, dolor, angustia y desesperación", a estar "unido a lo que no gusta", y a estar "separado de lo que uno gusta, sin conseguir lo que se quiere". Los auténticos componentes de nuestra personalidad están, porque nos aferramos a ellos (como "yo" y "mío"), sujetos a *duhkha*. «Hay que comprender *duhkha*» en la "propia" mente y cuerpo, y cuando se entienda se conocerá la verdadera felicidad. Las frases entrecomilladas en estas notas son citas del Buda.

6. Los famosos versos iniciales del *Dhammapada*: «Los acontecimientos son anunciados por la mente, la mente es el caudillo, construidos por la mente están...». La preeminencia de la mente también aparece muy bien ilustrada en la rueda del nacimiento y la muerte (*samsaracakra*) donde la mente aparece como el remero de la embarcación, mientras que el cuerpo sólo es un pasajero pasivo.

7. Véase MAHA-NIDANA-SUTTA, el "Gran discurso sobre causalidad", *Digha-nikaya* (Discursos largos del Buda), *sutta* 14, bajo la explicación de las sensaciones (*vedana*).

8. Véase SABBASAVA-SUTTA, el "Discurso sobre todos los problemas", *Majjhima-nikaya* (Discursos medianos), *sutta* 2.

9. VERGÜENZA Y MIEDO DE SER CULPADO: «Dos cosas muy claras, oh *bhikkhus*, protegen al mundo. ¿Cuáles son? La vergüenza y el miedo a ser culpado...» *(Anguttara-nikaya*, 11.7).

10. PUNARBHAVA, que literalmente significa "devenir otra vez". Esta traducción literal preserva el énfasis budista acerca de los estados psicológicos dinámicos y cambiantes, una psicología que opera sin hacer referencia a hipotéticas entidades estáticas como alma, *atman*, etcétera. "Reencarnación" es un término bastante ajeno a la psicología budista ya que presupone aquello que va a reencarnarse de nuevo. Sólo se utiliza renacimiento para clarificar la expresión (en los textos sólo se menciona "nacimiento", "jati") pero, es preferible "devenir otra vez" por su profundo significado.

11. Los cuatro grandes elementos (*mahabhuta*) son tierra, agua, fuego y aire, o como aparecen caracterizados en los comentarios antiguos: solidez, cohesión, temperatura y movimiento.

12. SABHAVAVADA, "la doctrina de que el universo es producido y sostenido por la acción natural y necesaria de substancias de acuerdo a sus propiedades inherentes y no por la acción de un ser supremo". *(Aptes Sanskrit Dictionary)*.

Notas

13. Véase MAHAKAMMAVIBHANGA-SUTTA, el "Gran discurso del análisis del *karma*", *Majjhima-nikaya* (Discursos medianos), sutta 136: La opinión fundada sobre un conocimiento incompleto que dice que: «En verdad todo aquel (que cometa las diez acciones malignas y perniciosas) aparece tras la muerte dirigido hacia el bien...».
14. Dos o tres volúmenes escritos por un *yogui* hinduista bajo el título *Experiences of a Yogi* (publicado en Ahmedabad, Gujarat, la India) ofrecen una buena ilustración moderna del tema. A partir de sus descripciones resulta evidente que el autor ha practicado hasta alcanzar las absorciones de la forma y la carencia de forma (*rupa-* y *arupa-dhyana*) y al no descubrir ninguna libertad esencial irreversible, desistió de hallarla, declarando que dicho estado era inexistente.
15. Literalmente, toda mente (*citta*) surge de otra mente (*citta*), mejor traducido aquí como "estado mental".
16. Aquí se invalidan tres teorías: *ahetuka-vada, isvara-nirmanahetu* y las ideas de los materialistas indios, los *carvaka*.
17. Véase *Anguttara-nikaya*, I. 5. 9-10: «Esta mente, oh *bhikkhus*, es luminosa pero está mancillada (en el hombre común) por impurezas adventicias. Esta mente, oh *bhikkhus*, es luminosa y permanece libre (en el noble discípulo) de las impurezas adventicias».
18. Como cuando los *carvaka* afirman que los insectos nacen de la suciedad. Comparar con la creencia occidental medieval de que los champiñones eran producidos mágicamente, o la antigua creencia de los hortelanos de que el añublo de las patatas era causado por las tormentas.
19. También existe la técnica de la regresión hipnótica. Véase también *Twenty Cases Suggestive of Reincarnation* (Proceedings of American Psychical Research, 1966) [Versión en castellano: *Veinte casos que hacen pensar en la reemcarnación*. Madrid: Mirach, 1992.], del Doctor. Ian Stevenson de la Escuela de Medicina de Virginia, EE.UU., y *The Case for Rebirth*, de Francis Story, Wheel Publications, nos. 12-13, Buddhist Publication Society, Kandy, Sri Lanka.
20. Cada forma de enseñanza budista ofrece dos caminos de práctica. Uno está destinado a la lenta acumulación de méritos a lo largo de muchas vidas hasta que, en un distante futuro, se alcanza el nirvana. En la tradición tibetana está ilustrado mediante el vehículo de las perfecciones y el camino propugnado por los *Sutras* Mahayana (en la mayoría de ellos). En el Theravada puede observarse la misma tradición en la práctica de los laicos (y de algunos *bhiksus*), a los que se anima a acumular mérito para lograr buenos nacimientos futuros. La diferencia estriba aquí en el caso de que las perfecciones se lleven a cabo de manera totalmente altruista (difícil) y si el mérito se acumula de manera egoísta (en las áreas de influen-

Notas

cia Theravada acostumbra a dedicarse a todos los seres). El otro camino es el ataque directo sobre los problemas de la ignorancia y la codicia, a menudo emprendido por los discípulos monásticos (aunque, claro está, los laicos también pueden emprenderlo). Éste corresponde en el budismo tibetano a las técnicas de meditación *vajrayana* donde el practicante se convierte en un *siddha* (realizado) en esta vida. Pueden verse ejemplos de ello en las vidas del *mahasiddha* Naropa y el *jetsun* Milarepa. La tradición Theravada también enfatiza el acceso directo, pues entre las palabras del Buda conservadas en los *suttas* pueden hallarse frecuentes exhortaciones dirigidas (principalmente) a los *bhiksus,* urgiéndoles a realizar uno de los nobles frutos *(aryaphala)* en esta vida presente, mientras que los practicantes de los *Tantras* cultivan el aislamiento en las montañas, y (todavía) en las selvas. Los modernos maestros de meditación Theravada utilizan el mismo enfoque. A este respecto vale la pena tener en cuenta, por ejemplo, la observación del fallecido venerable Chao Khun Upali (Siricando): «Si un budista no puede al menos convertirse en alguien que entra en la corriente en esta vida, puede realmente decirse que ha desperdiciado toda su existencia».

21. Véase *Sutta-nipata*, versículos 885-886. A la pregunta: «¿[...] es la verdad numerosa y variada?», el Buda responde: «La verdad, ciertamente, no es numerosa ni variada». El Buda también declara (versículo 884): «La verdad es una y sin apoyos».
22. Esta falta ha sido añadida por el venerable traductor de la edición en hindi, citando como fuente el *Aryabhisandhinirmocana-sutra*.
23. La tradición escolástica THERAVADA considera el ver la naturaleza real de los *dharmas* como perteneciente a la verdad absoluta pues dicha visión debe realizarse mediante visión profunda *(vipasyana)*. No obstante, fuentes Theravada más prácticas, es decir, los maestros de meditación, enseñan que no hay que dejarse enredar en las complejidades, comentarios y subcomentarios, sino más bien investigar los *dharmas* en la "propia" continuidad mental-material. Dice el *Dhammapada*: «Todos los *dharmas* son *anatta* (sin sí mismo-alma y, por lo tanto, vacíos)».
24. [En la edición original no aparecía ninguna nota].
25. AVIJÑAPTI-RUPA: E. Conze en su *Buddhist Thought in India* (Allen and Unwin), p. 181, dice lo siguiente acerca de este a veces complejo tema: «Es un término para las impresiones ocultas en nuestra estructura corporal que se manifiestan a través de acciones como cometer un asesinato, emprender las disciplinas, llevar a cabo *dhyana* o ver la verdad en el sendero. Convierten a un hombre en un tipo de persona diferente y continúan creciendo hasta que llega su recompensa o castigo. Un acto de voluntad puede manifestarse externa y materialmente en gestos y palabras.

Notas

Al mismo tiempo, una acción buena o mala de la que es responsable una persona puede resultar en una modificación inmanifiesta e invisible de la estructura material de la persona como, por ejemplo, si lo dispone todo para que alguien sea asesinado sin contribuir al asesinato ni con palabras ni con actos palpables».

26. SAMSKARAS asociados con la conciencia:
    11 presentes en todas las conciencias (*mahabhumika-dharma*).
    10 cualidades benéficas (*kusala-mahabhumika-dharma*).
    6 cualidades impuras (*klesa-mahabhumika-dharma*).
    2 cualidades perniciosas (*akusala-mahabhumika-dharma*).
    10 cualidades perniciosas limitadas (*upaklesa-paritta-bhumika-dharma*).
    8 indeterminadas (*aniyata-bhumika-dharma*).
    Samskaras disociados de la conciencia:
    14 *samskaras* que son inmateriales pero no asociados con la conciencia.
    Incluyen: posesión, no posesión, nacimiento, continuidad, decaimiento e impermanencia.
    Para un esquema totalmente desarrollado en el Abhidamma Theravada véase el *Abhidhammatthasangaha* (diversas traducciones en inglés).

27. LA ENSEÑANZA DODÉCUPLE (*dvadasanga-sasana*):
    I *Sutra*: la palabra del Buda en prosa, que puede comprenderse con facilidad.
    II *Geyya*: dichos en prosa intercalados con versos.
    III *Vyakarana*: exposiciones por parte de *bhiksus* eruditos acerca de los discursos breves ofrecidos por el Buda.
    IV Gatha: dichos en verso métrico como el *Dhammapada*, etcétera.
    V *Udana*: declaraciones inspiradas incluido el *Udana*.
    VI *Itiyukta*: dichos que empiezan con «Pues ha sido dicho», incluyendo el volumen *Itiyukta* (en pali: *Itivuttaka*).
    VII *Jataka*: historias de los nacimientos del *bodhisattva* que se convertiría en el Buda, como Visvantara, Mahagovindiya, Sudarsana.
    VIII *Adbhutadharma*: cualidades y acontecimientos maravillosos relatados en algunos *Sutras*.
    IX *Vaidalya*: análisis sutiles impartidos por discípulos especialmente desarrollados. Los *Sutras* mahayana están aquí incluidos. El Theravada conoce los nueve *angas* anteriores (en pali: *sutta, geyya, veyyakarana, gatha, udana, itivuttaka, jataka, abbhutadhamma, vedalla*). Los tres restantes se encuentran en el Sarvastivada y el Mahayana.
    X *Nidana*: material de introducción a un discurso.
    XI *Avadana*: leyendas acerca de las vidas anteriores de los grandes discípulos (en pali: apadana).

Notas

xii *Upadesa*: instrucción sobre *dharmas* profundos y misteriosos. Los *Tantras* Vajrayana están aquí incluidos.

28. LAS CUATRO NOBLES VERDADES (*Aryasatya*):
    La verdad de la insatisfacción (*duhkha*).
    La verdad del origen de *duhkha*.
    La verdad del cese de *duhkha*.
    La verdad del sendero de práctica que conduce al cese de *duhkha*.
    ORIGINACIÓN DEPENDIENTE (*pratitya-samutpada*):
    «La ignorancia condiciona las formaciones kármicas,
    las formaciones kármicas condicionan la conciencia,
    la conciencia condiciona la mentalidad-materialidad,
    la mentalidad-materialidad condiciona las seis entradas,
    las seis entradas condicionan el contacto,
    el contacto condiciona la sensación,
    la sensación condiciona el deseo,
    el deseo condiciona el apego,
    el apego condiciona el devenir,
    el devenir condiciona el nacimiento,
    el nacimiento condiciona la vejez, la muerte, la aflicción, la lamentación, el dolor, la angustia y la desesperación. Así se origina de nuevo toda esta masa de *duhkha* en el futuro».

29. H. SVAKLASANA (característica individual) tiene varios significados: una característica peculiar de una cosa en particular, como ocurre con el calor, que es característico del fuego. O también puede significar condición de la existencia independiente de tiempo y espacio. Las características naturales o independientes de una cosa son *svalaksana*, y al negarla se establece la verdad del vacío. *Samanyalaksana* también cuenta con más de un significado. Una característica común a todo es general, como la impermanencia, etcétera, respecto a todas las cosas condicionadas.

30. Hay que distinguir cuidadosamente la actitud escéptica enraizada en la obnubilación (*moha*), y que por tanto es un obstáculo para la práctica, del inquirir e investigar el Dharma nacido de la segunda clase de sabiduría, *cintamaya-prajña*, la reflexión o sabiduría reflexionada. La primera obstruye y, por tanto, debe ser superada, mientras que la segunda es una gran ayuda y debe ser desarrollada. En el discurso a los *kalamas* de Kesaputta, el Buda, haciendo gala de gran habilidad, utilizó la investigación para superar la barrera del escepticismo de los *kalamas*. Véase *Anguttara-nikaya*, III, 65, "Libro de los treses".

31. Véase el *Dhammacakkappavattana-sutta*, "Girar la Rueda del Dharma", la primera instrucción ofrecida por el Buda a los cinco ascetas en el parque de los ciervos de Isipattana (Sarnath), cerca de Varanasi. La revisión

Notas

crítica en pali se encuentra en el *Samyutta-nikaya*, V. 421-423, mientras que en sánscrito puede hallarse en el *Mahavastu*, III. 31. Existen traducciones en inglés de ambas obras publicadas por la Pali Text Society de Londres y de la primera por la Buddhist Publication Society, Kandy, Sri Lanka.

32. LA COLECCIÓN DEL VINAYA es sobre todo para quienes emprenden el camino sin hogar, de manera que las indulgencias que contravienen la disciplina de los *bhiksus* son permisibles dentro de los límites del comedimiento para los budistas laicos. Esos límites son los cinco preceptos que han tomado de forma voluntaria, y el conocimiento por su parte de lo que no es meritorio y de las impurezas mentales.

33. LA CREENCIA DOGMÁTICA (*abhinivesa*) aparece descrita en dos variedades en el *Abhidamma Theravada*: la creencia dogmática inducida por el apego (*tanhabhinivesa*) al cuerpo como algo "que me pertenece", y la creencia dogmática inducida por opiniones (erróneas) (*ditthabhinivesa; dristabhinivesa* en sánscrito) que es creer en la existencia de un atman, alma, etcétera. El venerable Ledi Sayadaw dice en su *Vipassana-dipani*: «*Abhinivesa* significa creer [...] estando incrustado en la mente tan firme e inamoviblemente como jambas de puertas, pilares de piedra y monumentos...». Véase la edición de la Buddhist Publication Society, Kandy, Sri Lanka.

34. Véase página 59, nota 29.

35. A veces llamado HINAYANA, que no obstante es un término desagradable con una más bien dudosa historia a sus espaldas, y por ello lo más conveniente sería evitarlo todo lo posible. *Sravakayana*, el vehículo de los discípulos, es un término mucho más adecuado ya que los *sravaka* o grandes discípulos del *Buddhadharma*, como el venerable Sariputra y el venerable Maudgalyayana, son honrados en todas las tierras budistas.

36. Esta definición del MAHAYANA como el vehículo de la instrucción en virtud está perfectamente de acuerdo con los principios Theravada. Resulta interesante señalar que "menospreciar a la escuela Sravakayana" (y animar a otros a practicar sólo el mahayana) es tanto una ofensa-raíz como ordinaria si es cometida por alguien que ha tomado los *samvarasila* de *bodhisattva* (los preceptos de abstinencia del *bodhisattva*). La superioridad que se desprende del menosprecio no es sino orgullo o engreimiento (*mana*), una potente impureza mental.

37. Como ha explicado especialmente S.S. el Dalai Lama, los dos tipos de recogimiento mencionados aquí son: *gaganagañja* (literalmente: "depósito infinito") y *surangama* ("eficaz en la destrucción del mal"). Desde el primer nivel (*bhumi*), un *bodhisattva puede* tener el poder de proporcionar como resultado de su samadhi –mediante poderes mágicos– aquello que

Notas

necesitan las personas; pero este poder está especialmente relacionado con el décimo nivel. *Surangama* suele hacer referencia al conocimiento (*jñana*) desde el primer al décimo nivel, que es muy eficaz al destruir las impurezas mentales, pero antes de penetrar en los diez niveles es muy débil. En concreto hace referencia al décimo nivel, donde este conocimiento se muestra especialmente potente, destruyendo todas las impurezas mentales.

38. Véase *Vinaya-pitaka*, V. 164, donde aparece la misma enseñanza más detallada.
39. TRES VEHÍCULOS (que llevan a los seres a la iluminación). Se trata de un concepto específicamente mahayanista y que no se encuentra en el Canon Pali.
40. Un *yogui* hinduista puede encender cinco hogueras al norte, sur, este y oeste, dejando espacio en el centro para sentarse. Para la completa realización de este acto de autotortura se sienta al mediodía, cuando el sol alcanza su cénit, siendo éste el quinto fuego. También en otras partes –donde el amor, el miedo o el deseo conforman la base de la moralidad– puede observarse que lo pernicioso se utiliza para reforzar la conducta moral.
41. Son: celestiales (*deva*), titanes (*asura*), seres humanos (manusya), espíritus hambrientos (*preta*), animales (*tiryagyoni*), y seres del infierno (*naraka-sattva*). Véase notas 43 y 70.
42. Es importante tener clara la idea de lo que significa *karma*. Bastará con una definición corta y famosa del Buda. El *karma* de un buda tiene otro significado *(q.v.)*. «Oh, *bhikkhus*, digo que la volición (la acción intencionada) es *karma*.» Véase *Anguttara-nikaya*, VI. 63.
43. APAYA-BHUMI, los estados de aflicción y privación, que son tres: espíritus hambrientos (*preta*), animales (*tiryagyoni*) y seres del infierno (*nirayaka*). No se trata de imaginaciones caprichosas sino que representan experiencias de quienes han invertido tanta fuerza en lo pernicioso de su interior que sus mentes han dejado de ser humanas, y por lo tanto experimentan estados infrahumanos.
44. En el theravada puede encontrarse un análisis similar de los preceptos, aunque el número de factores de cada precepto varía de tres a cinco.
45. Habría que tener en cuenta que el dominio de una de las raíces no excluye a la otra. Por ello, tanto la codicia como la aversión (que no pueden hallarse presentes a la vez en el mismo instante de conciencia) están basadas en la ignorancia y no surgen sin ella, y como son el reflejo de la otra, cuando se observa una, la otra no tardará en manifestarse. De hecho, pueden alternarse rápidamente en el dominio de la conciencia, dando la impresión al observador poco avezado de que coexisten en el mismo momento. El análisis profundo revela su alternancia. La eutanasia también

Notas

estaría enraizada en la ignorancia. El acto de matar, por el motivo que sea, está enraizado en la aversión, sin la cual, se explica en el Theravada, no puede destruirse la vida.

46. UPAVASATHA, es el día que se repite en dos ocasiones en el mes lunar (el 14.º, luna llena, y el 1.º, luna nueva), cuando el *Pratimoksa-sutra* –que trata de las reglas básicas de disciplina– es recitado por los *bhiksus* y los laicos que observan los ocho preceptos *upavasatha* durante un día y una noche. A los laicos se les ofrece enseñanza especial, y éstos suelen pasar el día en el *vihara*, escuchando, leyendo o meditando sobre el Dharma. En esos días, los laicos realizan ofrendas especiales (alimentos y otras necesidades) a los *bhiksus*.

47. Se refiere tanto a las realizaciones mundanas como supramundanas. Un *bhiksu* puede hacer alarde de falsedad acerca de su realización de un *dhyana* o del estado de *arhat*, etcétera. Si así lo hiciera, habría cometido la cuarta ofensa de la categoría de derrota (*parajika*) y no podría seguir siendo considerado como un *bhiksu*, debiendo dejar los hábitos, no pudiendo volver a ordenarse en esta vida. Los laicos que cometen esta mentira experimentarán un *karma* muy pernicioso.

48. KARMA DE PROXIMIDAD (*anantarika-karma*) o ese *karma* que ocasiona un destino inmediato, como puede ocurrir por ejemplo en el momento de la muerte, cuando esa persona se ve arrastrada a un nacimiento infrahumano muy doloroso, experimentando uno de los infiernos.

49. Véase las teorías expuestas al comienzo del *Samaññaphala-sutta* en el *Digha-nikaya*, *sutta* 2. En especial, la presentación de Purana Kassapa (*akiriyavada*) y de Ajita Kesakambalin (*ucchedavada*).

50. En el THERAVADA, sólo hay dos tipos de personas que observan los preceptos *patimokkha*: los *bhiksus* y *bhiksunis* (monjes y monjas). En la actualidad no hay *bhiksunis* en los países de práctica Theravada, por lo que sólo los *bhiksus* practican *patimokkha*. Aunque algunos de estos preceptos también son practicados por los novicios (*samanera*), la palabra "patimokkha" no se utiliza en el Theravada para designar ni esos preceptos ni los de los laicos.

51. En el THERAVADA, el novicio toma diez preceptos y también debe observar las cinco reglas concernientes a la conducta vulgar (los mismos que las cinco primeras reglas *sanghadisesa* de los *bhiksus*), además de las setenta y cinco reglas de la instrucción (*sekhiyavatta*).

52. En el THERAVADA, los preceptos de los *bhiksus* son 227: 4 *parajika*, 13 *sanghadisesa*, 2 *aniyata*, 30 *nissaggiya pacittiya*, 92 *pacittiya*, 4 *patidesaniya*, 75 *sekhiya*, 7 *adhikarana-samatha*.

53. Es necesario comprender con claridad que los preceptos de *bhiksu* y *bhiksuni*, de hecho todos estos preceptos *patimokkha*, derivan del *sravakaya-*

Notas

na (o escuela Mula-sarvastivada) y difieren de los Theravada sólo en pequeñas cuestiones. Los *bhiksus* tibetanos son, por tanto, los *sarvastivada*, al ser Mahayana hasta el punto en que practican los ideales Mahayana y aprenden textos Mahayana. *No existe ordenación de bhiksu mahayana* (sólo como *bodhisattva*). Actualmente pueden encontrarse *bhiksunis* en China (Taiwán), Corea, Japón y Vietnam.

54. El *Mahamangala-sutta* las sitúa entre las bendiciones más elevadas, es decir: "samananañca dassanam, véase samanas" (*bhiksus*) y "kalena dhammasavanam, escuchar el Dharma en el momento adecuado".
55. Normalmente el término "citta" se traduce como "mente", pero en realidad significa la total experiencia mental-emocional de la que se es consciente, así como de la que no se es. Incluye: sensaciones (agradables, dolorosas y neutras); percepción, memoria (de objetos: visual, audible, olfativa, gustativa, tangible y objetos mentales); actividades volitivas (como las asociadas y disociadas de la conciencia), y conciencia. Cuando traducimos "citta" por "mente", hay que recordar el significado budista implícito.
56. A veces traducido como "meditación" que es una palabra demasiado vaga para utilizarla en el Dharma.
57. NIVARANA, los cinco obstáculos: deseo sensual, malevolencia, pereza y apatía, preocupación y remordimiento, escepticismo. Todas ellas son obstrucciones para la realización de las absorciones (*dhyana*).
58. Los ELEMENTOS MUNDANOS (*dhatu*) de la sensualidad, la forma y la carencia de forma. El primero de ellos comprende, desde la (espiritualidad) "inferior" "hacia arriba": los infiernos, animales, espíritus hambrientos, seres humanos y los celestiales del reino sensual. En la forma, el elemento mundano se halla presente en los seres celestiales de *Brahmaloka* (el mundo de los dioses supremos), así como quienes se hallan en su último nacimiento como los que no regresan (*anagami*) que alcanzan el nirvana en las moradas puras, que son los planos más elevados de este elemento mundano. El elemento mundano carente de forma comprende los cuatro estados de la existencia conocidos como infinitud de espacio, etcétera. Nacer en estos reinos está relacionado con el propio *karma*; por ejemplo, si uno permite que su mente esté dominada por la lujuria, entonces el siguiente nacimiento es como animal; si se mantienen los cinco preceptos se es un ser humano y se nacerá como tal, y si se realizan esfuerzos durante la instrucción, entonces se nacerá por encima del nivel en el que se ha alcanzado el éxito al instruir la mente. Sólo mediante la correcta aplicación de la sabiduría se puede ir más allá de los tres elementos mundanos y experimentar el nirvana. En la cosmología budista existen innumerables elementos mundanos (*lokadhatu*) esparcidos por el espacio.

Notas

En términos modernos podrían denominarse galaxias, excepto porque el término moderno y materialista no tiene en cuenta el gran espectro de posibilidades de la vida conocido por los budistas.

59. Es importante tener en cuenta esta cuestión y ser precavido respecto a los maestros de meditación que enfatizan que sólo es necesaria la "visión profunda". Algunos de ellos ofrecen "métodos" que "garantizan" la iluminación, sabiduría, etcétera, en un espacio de tiempo de práctica limitado, y algunos ofrecen una serie de etapas graduales e "interpretan" el progreso de un discípulo a través de sus pequeñas experiencias, tomándolas como representativas de esta visión profunda-conocimiento (*vipasyana-jñana*).

60. La VISIÓN PROFUNDA (*vipasyana*) se desarrolla con los cinco agregados, como la propia base, y con algún aspecto de ellos, como objeto. Los estados de absorción y sus enfoques tienden a producir todo tipo de visiones en el meditador, junto con experiencias extáticas, poderes increíbles, etcétera. Todo ello le tienta para abandonar el camino de la práctica que para un budista conduce interiormente a la naturaleza de los cinco agregados y no externamente, tras dichas distracciones. Un meditador ha de abandonar todas esas experiencias y utilizar su mente concentrada para penetrar en las marcas de los cinco agregados: impermanencia, *duhkha*, no *atman*, vacío.

61. En la TRADICIÓN THERAVADA, los cinco agregados son antagónicos respecto a la entrada en los estados de absorción, pero a su vez se les oponen uno a uno los cinco poderes: confianza (*sraddha*) se opone al deseo sensual (*kamacchanda*); la energía (*virya*) al encono (*vyapada*); la atención total (*sati*) al torpor y la pereza (*thina-middha; styanamiddha* en sánscrito), el recogimiento (*samadhi*) a la preocupación y el remordimiento (*uddhacca-kukucca*); la sabiduría (*pañña*) al escepticismo (*vicikiccha*).

62. Para una descripción detallada de este proceso véase la tabla ilustrada preparada por el Consejo de Asuntos Culturales y Religiosos de S.S. el Dalai Lama, reproducida aquí en miniatura.

63. Llamada "lahuta" (*laghuta* en sánscrito), la ligereza aparece en el *Abhidamma Theravada* agrupada con tranquilidad, blandura (ductilidad), adaptabilidad, pericia y entereza tanto de los factores corporales como mentales.

64. NOBLES SENDEROS: que son la entrada a las nobles (*arya*) realizaciones del entrado en la corriente, del que regresa en una ocasión, del que no regresa y del *arhat*, el santo.

65. Véase notas de página 82 (57) y página 83 (61).

66. El fragmento de los *suttas* en pali sobre el primer *dhyana* repetido muchas

Notas

veces es el siguiente: «Desapegado de los objetos sensuales, oh *bhikkhus*, desapegado de los estados mentales perniciosos, el *bhikkhu* entra en la primera absorción, que está acompañado por la concepción de pensamiento (*vitakka*) y el examen del pensamiento (*vicara*), nacida del desapego y llena de gozo y alegría (*piti sukha*)».

67. La SEGUNDA ABSORCIÓN: «Tras calmar la concepción y examen del pensamiento y obtener tranquilidad interior y concentración mental entra en un estado libre de concepción y examen: la segunda absorción nacida del recogimiento (*samadhi*) y llena de gozo y alegría».

68. La TERCERA ABSORCIÓN: «Tras la desaparición de la alegría mora en ecuanimidad, atento y claramente consciente; experimentando esa sensación de la que dicen los *aryas*: "Feliz vive el hombre de mente ecuánime y atenta", y por lo tanto entra en la tercera absorción».

69. La CUARTA ABSORCIÓN: «Tras haber abandonado placer y dolor, y a través de la desaparición de viejas alegrías y aflicciones, entra en un estado más allá de placer y dolor, la cuarta absorción, purificada por la ecuanimidad (*upekkha*) y la atención total (*sati*)».

70. Los DIOSES o seres celestiales existen en muchos planos (que no están "ahí arriba", en el cielo, sino que son variaciones de experiencia debidas a diferencias de *karma*, y por tanto diferencias de los órganos sensoriales, y por ello de percepción variable) y se distinguen de la siguiente manera:
    Mundo sensual:
    catur-maharajika-deva: celestiales de los cuatro grandes reyes.
    traya-trimsa-deva: celestiales de los treinta y tres.
    yama-deva
    tusita-deva
    nirmanarati-deva
    paranirmata-vasavarti-deva
    Mundo de la forma:
    brahma-parisadya
    brahma-purohita
    mahabrahma
    Seres renacidos arriba con el primer *dhyana* débil, medio o fuerte
    parittabha
    apramanabha
    abhasvara
    Seres renacidos arriba con el segundo *dhyana* débil, medio o fuerte
    paritta-subha
    apramana-subha
    subhakritsna
    Seres renacidos arriba con el tercer *dhyana* débil, medio o fuerte

Notas

> *vehapphala*, seres nacidos aquí con el cuarto *dhyana*.
> *asañjnisattva*: seres carentes de percepción.
> *suddhavasa*: las moradas puras.
>
> Quienes han desarrollado las realizaciones carentes de forma y concentrado la mente hasta el final de la percepción, nacen en el segundo, mientras que la tercera clase sólo es para los que no regresan que se convertirán en *arhats* y realizarán la extinción final en este estado.

71. Quienes sostienen la concepción de un *atman* pueden concebir la forma física como sí mismos. Eso es el apego innato a la concepción de un *atman* en el agregado de la forma. Otros pueden "sentir" que tienen un alma, siendo el apego innato a la concepción de un *atman* en el agregado de la sensación. La memoria refuerza la noción de sí mismo y, por tanto, es apego como agregado de percepción-memoria. Otros caracterizan el alma como el "testigo" oculto tras los órganos sensoriales, que consiste en apego al agregado de la conciencia. Las opiniones conceptualizadas de teólogos y filósofos (apego al agregado de la volición) son, claro está, más sutiles y siempre se sostienen mediante argumentos sofistas.

72. Si la existencia del *atman* está separada de o es diferente de los cinco agregados, entonces no podrían ser un análisis exhaustivo de la personalidad como proclamó el Buda y los maestros de su tradición: pero eso no está apoyado ni por la observación empírica ni por la penetración indagatoria resultante de la perfección de la sabiduría mediante la visión profunda (*vipasyana*). También en este caso, al ser independiente, no puede tener relación alguna, y por tanto es incognoscible de cualquier manera. Y si su existencia no es diferente o no está separada de los cinco agregados, no puede ser independiente y, por consiguiente, entra en contradicción.

73. Ésta es esa impresionante declaración del Buda *(Samyutta-nikaya*, XXII. 47): «Todos esos *samanas* y *brahmanes* que conciben un sí mismo (*atman*) en muchos sentidos, lo conciben como los cinco agregados, o como uno de ellos». Junto con esta sección también se podría leer "El discurso del símil de la serpiente" *(Majjhima-nikaya*, 22), en los nos. 48-49 de Wheel Publications, de la Buddhist Publication Society, Kandy, Sri Lanka.

74. Véase nota 28 en página 59. Todos estos factores condicionantes aparecen de forma dependiente (no sólo por causa y efecto) y están basados en la breve formulación de la originación dependiente: «Al ser esto, eso es; de la aparición de esto, aquello surge. No siendo esto, eso no es; al cesar esto también cesa aquello» (*imasmim sati, idam hoti; imassuppada, idam uppajjhati; imasmim asati, idam na hoti; imassa nirodha, idam nirujjhati*). Así pues, están vacíos de naturaleza propia, dependiendo de otros factores para su originación y desaparición y, por tanto, vacíos.

Notas

75. "Elevado" e "inferior" son utilizados en el sentido de liberación o esclavitud, felicidad o sufrimiento relativos. Las alturas espirituales están asociadas con el desarrollo, la felicidad y la gran (aunque no final) liberación. Las degradadas profundidades (de la vida en el infierno, como animal o espíritu hambriento, etcétera) están unidas a la contracción de la mente, de sus capacidades, a la infelicidad y a severas limitaciones.
76. Acerca de DUHKHA el Buda dice que: «Debe ser entendido» subrayándolo en muchos discursos, debido a la tendencia humana enraizada en las impurezas a no querer ver o distanciarse para no ver *duhkha*. Puede entenderse respecto a los demás, pero debe ser comprendido en el interior de la "propia" mente y del cuerpo si se desea la felicidad del nirvana.
77. MÉRITOS (*punya*) significa «lo que limpia y purifica». Por ejemplo, la generosidad y el ofrecimiento purifican la mente de avaricia, la conducta moral la purifica de acciones malignas ostensibles, el desarrollo mental ocasiona crecimiento en la mente y la reducción de los deseos nocivos. La reverencia le purifica a uno de la arrogancia, alentando la humildad, mientras que la amabilidad le purifica de la indiferencia insensible, fomentando la compasión. Alegrarse de la felicidad ajena le purifica a uno de la envidia a la vez que alienta *mudita* (empatía). Dedicar los méritos propios en beneficio de los demás le purifica de anhelar únicamente la propia salvación (sin preocuparse por los demás) a la vez que impulsa el interés por el bienestar ajeno. Escuchar el Dharma purifica de la distracción a la vez que facilita la concentración. Enseñar el Dharma purifica de egoísmo respecto al conocimiento a la vez que favorece la afabilidad. Elevar las propias convicciones le purifica a uno de opiniones que pueden extraviarle (del Dharma) a la vez que auspicia las acciones que tienden hacia el n*irvana*. Éstas son las diez formas de acumular mérito que suelen enseñarse en los países Theravada, y todas ellas son esenciales para una equilibrada práctica budista.
78. H. Tras el sendero del esfuerzo se entra en el sendero de la visión profunda, y en el momento de hacerlo todas las impurezas que deben ser destruidas por el último sendero desaparecen instantáneamente ya que este sendero de la visión profunda se compara al fuego. El sendero del esfuerzo desempeña un importante papel en la realización del sendero de la visión profunda. La primera etapa del sendero del esfuerzo se llama "usmagata" (calor) porque en esta etapa, y mediante el desarrollo de la sabiduría que tiene como objeto al no-atman, se calientan las impurezas que más tarde serán destruidas. Cuando este calor se torna intenso en la etapa de *usmagata*, pasa a denominarse "murdhana" (pináculos), la segunda etapa. Después se alcanza la etapa de *ksanti* (paciencia), así llamada porque es capaz de calentar en extremo las impurezas que deben ser destruidas en el

Notas

sendero de la visión profunda. Una vez conseguido se puede estar seguro de alcanzar el sendero de la visión profunda, y a continuación se cierran las puertas del nacimiento en los reinos de la aflicción (*apaya-bhumi*). Se realizan los supremos *dharmas* mundanos (*agradharma*) y luego, como uno entrado en la corriente (*srota-apanna*), se inicia el progreso a través de los niveles trascendentes (*lokottara-bhumi*).

79. Las CINCO FACULTADES BENEFICIOSAS (*kusalendriya*) son: confianza, energía, atención total, recogimiento y sabiduría. Después de convertirse en los poderes rectores del carácter de un individuo, esas facultades pasan a llamarse los cinco poderes. Confianza y sabiduría (*sraddha-prajña*), y esfuerzo-recogimiento (*virya-samadhi*) conforman dos parejas, y en su desarrollo es necesario un equilibrio perfecto si se quiere llegar a ser un budista realizado. «La atención total (*smriti*) declaro, oh *bhikkhus*, es útil en todas partes» *(Samyutta-nikaya*, 46, 53).

80. Las CUATRO NOBLES VERDADES en 16 aspectos:

    I Aceptación de la verdad de *duhkha* en la esfera de la sensualidad.
    II Convicción acerca de esta verdad.
    III Que también es aplicable a la esfera de la forma.
    IV Así como en la de la carencia de forma.
    V Aceptación de la verdad de la aparición de *duhkha*.
    VI Convicción acerca de esta verdad.
    VII Que también es aplicable a la esfera de la forma.
    VIII Así como en la de la carencia de forma.
    IX Aceptación de la verdad del cese de *duhkha*.
    X Convicción acerca de esta verdad.
    XI Que también es aplicable a la esfera de la forma.
    XII Así como en la de la carencia de forma.
    XIII Aceptación de la verdad del camino de práctica del cese de *duhkha*.
    XIV Convicción acerca de esta verdad.
    XV Que también es aplicable a la esfera de la forma.
    XVI Así como en la de la carencia de forma.

    Resulta evidente que la intención es que sean meditaciones de visión profunda que produzcan la renuncia del ciclo de nacimiento y muerte (*samsara*).

81. Aquí aparece descrito el sendero sobreterrenal, pero este Óctuple Sendero también puede convertirse (como ocurre en el Theravada) en la base de la vida cotidiana budista. La explicación de los ocho factores que aquí se ofrece difiere casi por completo de la que se encuentra en el *Sutta-pitaka* en pali. Para una explicación de ese *sutta*, véase *Word of the Buddha*, del venerable Nyanatiloka Mahathera, Buddhist Publication Society, Kandy, Sri Lanka.

Notas

82. Como aparece descrito este factor sería el equivalente del *ariyavaca* (noble expresión verbal) en pali, que también está relacionado con el Dharma y que otorga grandes beneficios a aquellos que lo escuchan y se implican en él, llegando incluso a convertirse en un noble (*arya*); véase *Digha-nikaya*, *sutta* 33, v, xxv ("El recital", Diálogos del Buda, vol. III).
83. Las divisiones del sendero que se encuentran en los *Discursos* en pali son simples: primero dos factores, sabiduría (*prajña*); los tres siguientes, virtud (*sila*); y los tres últimos, recogimiento (*samadhi*). Abarcan todo el espectro de la instrucción triple.
84. Las SEIS PERFECCIONES son:

1	*dana*	...	generosidad	*upaya-*	*punya-*
2	*sila*	...	virtud	*kausalya*	*sambhara*
3	*ksanti*	...	paciencia	(pericia	(carga
4	*virya*	...	esfuerzo	en el método)	de méritos)
5	*samadhi*	...	recogimiento		
6	*prajña*	...	sabiduría —	prajña —	jñana sambhara

(carga de la sabiduría)

Las diez perfecciones que se hallan en la literatura en pali posterior:

1	*dana*	generosidad
2	*sila*	virtud
3	*nekkhamma*	renunciación
4	*pañña*	sabiduría
5	*adhitthana*	determinación
6	*viriya*	energía
7	*khanti*	paciencia
8	*sacca*	sinceridad
9	*metta*	benevolencia
10	*upekkha*	ecuanimidad

En ambos casos, estas virtudes son para que las cultive quien aspira a ser un buda practicando el camino del *bodhisattva*. Este último también se enseña y practica en los países Theravada, y las historias del Jataka proporcionan buena materia para ilustrar el camino del *bodhisattva*.

85. "TODOS LOS SERES" puede tener diversos significados. Para empezar, incluso un buda sólo puede llevar a todos los seres *adiestrables* hacia la liberación. Un buen ejemplo de ser ininstruible es Upaka, el asceta desnudo que el Buda encontró después de su iluminación y de camino hacia Varanasi, en el parque de los ciervos de Isipattana. No es probable que los seres con pocas raíces de mérito y mucha obnubilación (*moha*) puedan comprender el Dharma. "Todos los seres" también ha sido interpretado de

Notas

manera muy práctica por algunos maestros de meditación. Han subrayado en especial que "todos los seres" significa la variedad de diferentes "personas" que aparecen en el carácter de cada uno. Así pues, la persona amable, la colérica, la generosa, la mezquina, y las demás, son aspectos del propio carácter que deben ser conducidos hasta el nirvana. O también puede explicarse en términos de las seis esferas del nacimiento, todas ellas potencial y a veces realmente presentes en la propia mente (seres celestiales, titanes, espíritus hambrientos, animales y seres infernales). Y también podemos preguntarnos: ¿Dónde tiene lugar la percepción de "seres" que hay que conducir hasta el nirvana? En la propia mente.

86. El progreso del *bodhisattva* que reúne méritos aparece bien ilustrado en el *Jataka*, las historias de los nacimientos relativas a las vidas anteriores del Buda Gautama. Se suele objetar que resulta dudoso que en realidad se trate de sus nacimientos anteriores, pero quienes lo dudan están perdiendo de vista la cuestión de que las historias contienen lecciones de conducta noble y altruista. Como a menudo se suele aprender mejor a partir de los ejemplos de personajes que aparecen en historias que a partir de los tratados, las del *Jataka* y otros relatos budistas deben leerse con el espíritu de: ¿Qué puedo aprender de esas historias en beneficio de mi propia vida?

87. En los estados meditativos en los que puede hacerse eso hay que tener en cuenta dos ideas aparentemente opuestas: la primera es que es beneficioso respetar y escuchar el Dharma en cualquier caso, y muy beneficioso cuando uno está interesado en los budas; y en segundo lugar que, en definitiva, todos los budas y *bodhisattvas* son percibidos en la propia mente. No obstante, se les respeta a fin de desarrollar la humildad y capacidad de escuchar el Dharma.

88. Véase nota de página 33 (1).

89. Existen relatos interesantes de *bhiksus* en todos los países budistas que han amansado a personas bruscas e incontrolables. Y todavía resultan más sorprendentes las historias de *bhiksus* que han amansado a animales, dándoles los refugios y preceptos de manera que vivan vidas pacíficas sin perjudicar a otros.

90. Aquí se da una interesante comparación entre el arahat que es capaz de cambiar sus sensaciones a voluntad. Este poder, llamado *ariya-iddhi* [*arya-siddhi*, en sánscrito] (noble magia) sólo lo poseen aquellos que son nobles y, entre ellos, los *arhats*. Quien penetra en la realización de la extinción (*nirodha-samapatti*) no puede ser afectado por el fuego ni recibir daño alguno ocasionado por armas. También es característico de quien practica la benevolencia (*metta; maitri*, en sánscrito) que esté a salvo del fuego, los venenos y las armas. Naturalmente, tanto los *bodhisattvas* como los *arhats* han practicado y realizado la benevolencia hacia todos los seres.

Notas

91. CATU-SANGAHA-VATTHU (*catur-samgraha-vastu*, en sánscrito) es un grupo de *dharmas* que aparecen en muchas ocasiones en el Canon Pali como la forma de práctica para –y la marca– el noble discípulo (*ariyasavaka*). Este grupo de cuatro suele ser el tema de discursos ofrecidos a los laicos en Siam, donde son muy apreciadas como cualidades del auténtico budista.
92. Véase nota de página 114 (84).
93. Aquí puede observarse un interesante paralelismo en todas las escuelas de práctica budista: «Practica en esta vida, realiza en esta vida» podría ser el lema de todos los maestros de meditación budista, tanto si siguen la tradición Theravada, Vajrayana o ch'an (Zen).
94. Ésta es la selección y práctica con la ayuda de la forma de un ser celestial, buda, *bodhisattva* o alguna divinidad protectora. Los detalles y métodos varían y deben obtenerse de un maestro, pero en esencia todas las prácticas se parecen a lo que se enseña en el Theravada respecto a que ayudan a realizar que los cinco agregados son vacíos y que los *dharmas* en los que pueden estar divididos también lo son. Puede apreciarse una gran semejanza entre estas prácticas de *devayoga* y las antiguas prácticas que empleaban discos (*kasina*) coloreados; véase*Path of Purification* (traducción inglesa del *Visuddhimagga)*, Semage and Co., Colombo, Sri Lanka.
95. KRIYA-TANTRA: instruye en ritual y formas externas de veneración para la acumulación de méritos, adecuados para aquellos con facultades torpes. El *Ubhayacarya*-tantra cuenta con instrucciones referentes al ritual y algunas prácticas internas de desarrollo mental. El *Yoga-tantra* incluye más instrucciones para la práctica meditativa y contiene poco ritual, mientras que el *Anuttarayoga-tantra* es para aquellos que cuentan con facultades más agudas y se concentra sólo sobre el recogimiento interno y la percepción del vacío.
96. Puede hallarse la misma privacidad en el Theravada, cuando un maestro ofrece instrucciones para la meditación a un discípulo. No es que se trate de algo que deba permanecer oculto (por cuya razón debe evitarse la palabra "secreto"), sino porque, cuando llega la ocasión, los estudiantes individuales requieren de instrucción personalizada. La división de los budistas en "esotéricos" y "exotéricos" es una reliquia sin sentido provocada por un malentendido de hace cincuenta o más años. Lo que permanece oculto para nosotros lo está a causa de la ignorancia y estupidez de nuestras mentes.
97. Se trata de una clara afirmación que debería ayudar a destruir las opiniones erróneas que muchas personas mantienen con respecto a la práctica tántrica en el Vajrayana. Si incluso ha habido eruditos profesores que han señalado que es posible, mediante la práctica tántrica, alcanzar la budei-

Notas

dad sin tener que abstenerse de nada, qué no habrán dicho los no eruditos. El camino de alguien que desea practicar con ahínco es, como ocurre con todos los caminos del Dharma, muy duro. En el antiguo Tibet, los *tantrikas* solían retirarse a moradas solitarias, como cuevas en las montañas, durante años. Esta práctica rechaza toda opinión errónea.

98. En sí mismo, esto significa que las prácticas avanzadas de meditación son para quienes están "avanzados" en sentido budista; es decir, para aquellos que poseen fuertes raíces de aptitud y una personalidad estable. Quienes no están tan avanzados deben empezar en los niveles inferiores, que por otra parte son esenciales, de la obtención de mérito, como la práctica de la generosidad, y mantener los preceptos puros.

99. Si se quiere practicar meditación siempre habría que contar con un maestro. Si se quiere estudiar un tratado budista lo más conveniente es contar con un maestro que le guíe a uno en la tradición, pero si lo que se quiere es iniciar un camino de meditación, un maestro es esencial. La primera marca de un buen maestro es que ya haya realizado lo que enseña. Los hábitos y rituales fascinan a las personas, pero no son necesariamente las cosas que señalan a un maestro. Hay algo que es necesario para realizar cierto progreso a lo largo del camino de la iluminación, y es recibir instrucciones de manos de un maestro que ya haya recorrido dicho camino, si no hasta el final, al menos hasta donde se pueda ver dicho final.

100. Ésta es otra cuestión muy importante. Hay quien cree que sólo se mantienen los preceptos en el theravada, imaginando que el Mahayana es laxo a este respecto, pero la severidad y la laxitud no dependen del "yana" sino del maestro. Hay otros que imaginan que los *Tantras* ofrecen un camino espiritual donde no se requiere ningún tipo de conducta moral y en el que, por lo tanto, se puede hacer lo que plazca. Ninguna de esas ideas guarda similitud alguna con la realidad. En todas las tradiciones budistas puede decirse: «Cuanto más intensa la instrucción, más estrictos son los preceptos». Los *bhiksus dhutanga* de un *wat* siamés del bosque, los monjes Zen en sus templos o los *tantrikas* en sus ermitas, deben, a causa de su esfuerzo, mantener puros los preceptos.

101. Como las que aparecen en muchos cuadros enrollados tibetanos, o en forma de imágenes; todo ello puede ser utilizado como apoyo externo. Más adelante, la misma forma gráfica se visualiza de manera totalmente interna. Véase nota en página 33 (3).

102. En los discursos en pali es posible discernir las semillas de las que nació esta enseñanza. En cuanto al *dharmakaya*, hay escasas referencias, como: «Quien ve el Dharma, me ve a mí» *(Samyutta-nikaya*, III. 120). En cuanto al *sambhogakaya*, parece estar conectado con el cuerpo del Buda que exhibe las 32 marcas de una gran persona. Obviamente, al igual que el

Notas

sambhogakaya, no son visibles para todos sino para algunas personas. El *rupakaya* o *nirmanakaya* tendría su equivalente en el cuerpo ordinario que puede ser visto por todos, la forma física de Gautama sentado en meditación, andando o mendigando alimentos y demás, pero que en palabras del propio Buda no puede ser identificado *(Samyutta-nikaya*, III y IV. 383) como el Buda. Algunos maestros de meditación han destacado esta enseñanza como de gran importancia práctica: los tres (o cuatro) cuerpos búdicos están en el interior de la propia mente de cada uno.

103. Los 37 BODHIPAKSIKADHARMA *(varga)* comprenden los siguientes grupos:

4	Aplicación de atención total	(smrityupasthana)
4	Esfuerzos perfectos	(samyakprahana)
4	Senderos del poder psíquico	(riddhipada)
5	Facultades	(indriya)
5	Poderes	(bala)
7	Factores de iluminación	(bodhyanga)
8	Óctuple Sendero	(marga)

Para una explicación Theravada véase el *Buddhist Dictionary* publicado en Sri Lanka por Frewin & Co., Colombo.

104. El continente meridional del antiguo sistema geográfico indio.
105. Suelen ser el motivo de bellos conjuntos de cuadros enrollados.
106. Una historia parecida pero no canónica es la razón de los budas profusamente adornados que se encuentran en Birmania y Siam. En este caso, un orgulloso príncipe fue atemperado por el Buda después de haberse mostrado transformado en un "honesto emperador universal" *(chakravarti-raja)*.
107. En los comentarios theravada se le denomina Santus-sita Devaraja.
108. Véase *Majjhima-nikaya*, I. 395, donde se dice que el Tathagata:
    no habla en falso, vanamente, desagradablemente,
    no dice la verdad, vanamente, desagradablemente,
    habla *en el momento preciso*: la verdad, útil, desagradable,
    no habla en falso, vanamente, agradablemente,
    no dice la verdad, vanamente, agradablemente,
    habla *en el momento preciso*: la verdad, útil, agradable.
100. En los *suttas* en pali véase *Anguttara-nikaya*, V, 32 y ss.; *Majjhima-nikaya*, I. 69; y *Milindapañha*, 105, 285. Son muy parecidos pero no exactamente los mismos que aparecen listados en esta obra.
110. En los *suttas* en pali véase *Majjhima-nikaya*, I 71 y ss. Estas cuatro son exactamente las mismas en pali.
111. En los *suttas* en pali véase *Majjhima-nikaya*, III, 221, para una lista similar.
112. Para éstos, véase *Anguttara-nikaya*, IV. 82, donde "medios de subsistencia" es mencionado como el cuarto factor del conjunto.

Notas

113. Sobre la cuestión del conocimiento omnisciente (en pali: *sabbaññutaña-na*). Estudiando los textos en pali más antiguos salta a la vista que en ellos el Buda nunca alegó omnisciencia. Tratados posteriores en pali, como el *Patisambhidamagga* contienen elaboradas explicaciones acerca de cómo el Buda es omnisciente. En el *Majjhima-nikaya*, I. 482, el Buda niega específicamente que sea omnisciente y omnividente a la vez que subraya que cuenta con el triple conocimiento (*tisso vijja*).
114. Puede hallarse el mismo espíritu en el *Majjhima-nikaya*, donde el Buda niega que debe reflexionar antes de enseñar.
115. Véase nota en página 26 (17).

En estas notas, las referencias a los textos en pali son las emanadas por la Pali Text Society de Londres. Como la mayoría de dichos textos han sido ya traducidos al inglés, también pueden ser leídos en ese idioma. También es importante como fuente de información genuina sobre la "raíz del Dharma", en su mayor parte proveniente de fuentes en pali, la Buddhist Publication Society, Kandy, Sri Lanka. Para leer más acerca de la vida de S.S. el Dalai Lama, véase *My Land and My People* (Asia Publishing House, Bombay y Nueva Delhi) [Versión en castellano: *Mi vida y mi pueblo*. Barcelona: Noguer, 1962]. Para orientación acerca de obras dignas de confianza sobre la forma tibetana del Dharma, así como sobre asuntos tibetanos en general, dirigirse a: Bureau of His Holiness the Dalai Lama, 15 Link Road, Nueva Delhi 14; o bien a: Council of Cultural and Religious Affairs of His Holiness the Dalai Lama, Gangchen Kyishong, Sessions Road, Dharamsala, District Kangra, Himachal Pradesh, India.